Deutsche Originalausgabe Ludwig v. Mises, Liberalismus
© Gustav Fischer Verlag Stuttgart, Jena 1927

根据德国古斯塔夫·费舍尔出版社1927年版译出

THE MODERN WESTERN THOUGHT SERIES

西方现代思想丛书

——珍藏版——

自由与繁荣的国度

[奥] 路德维希·冯·米瑟斯 著
韩光明 等译

Luduic von Mises

A Free and Prosperous

中国社会科学出版社

图书在版编目(CIP)数据

自由与繁荣的国度／[奥]冯·米瑟斯（Von Mises, L.）著；韩光明等译．—北京：中国社会科学出版社，1995.1（2025.7重印）

（西方现代思想丛书；1）

ISBN 978-7-5004-1649-4

Ⅰ.①自⋯　Ⅱ.①冯⋯②韩⋯　Ⅲ.①哲学思想-奥地利　Ⅳ.①B521

中国版本图书馆 CIP 数据核字（1995）第 00144 号

出 版 人	季为民
责任编辑	李庆红
责任校对	韩天炜
责任印制	张雪娇

出　　版		中国社会科学出版社
社　　址		北京鼓楼西大街甲 158 号
邮　　编		100720
网　　址		http://www.csspw.cn
发 行 部		010-84083685
门 市 部		010-84029450
经　　销		新华书店及其他书店
印刷装订		环球东方(北京)印务有限公司
版　　次		1995 年 1 月第 1 版
印　　次		2025 年 7 月修订第 7 次印刷
开　　本		880×1230　1/32
印　　张		7.375
插　　页		2
字　　数		195 千字
定　　价		42.00 元

凡购买中国社会科学出版社图书，如有质量问题请与本社营销中心联系调换

电话：010-84083683

版权所有　侵权必究

《西方现代思想丛书》之一

主　　　编　冯隆灏
编委会委员（按姓氏笔画为序）
　　　　　　　冯兴元　曲克敏　孟艺达
　　　　　　　陆立衡　青　泯　何梦笔
　　　　　　　周民德　郭福平　柯汉民

译者的话

路德维希·冯·米瑟斯是奥地利经济学派的主要代表人物之一，他生前曾长期在奥地利维也纳大学和美国纽约大学教授经济学。《自由与繁荣的国度》是米瑟斯于1927年发表的一部著作。该书的原名是《自由主义》，1962年在美国出版英译本，名为《自由与成功的共同富裕》。中译本是我们根据1927年德国费舍尔出版社的德文版翻译而成的。

众所周知，当今世界上存在着两种主要的社会思想体系，一种是马克思主义，另一种是自由主义。前者是社会主义国家的指导理论，后者是资本主义世界的主流思想。自由主义思想是一种与马克思主义理论相对立的社会意识形态体系，这两种截然不同的思想体系代表着人类两种不同的前途。随着时代的变迁，自由主义思想体系中就如何解决社会现实问题的方法和侧重不断发生变化，形成了具有不同特点的各种流派。但长期以来，还没有人对这一思想体系的内涵和本质进行过总结性的表述。从这个意义上讲，米瑟斯的这部著作可以称为一部全面介绍古典自由主义思想体系，更确切地说，是一部全面介绍古典自由主义向新自由主义过渡时期该思想体系的专著。它对于我们较系统地了解西方自由主义的本质具有重要的参考意义，同时，对于我们分析近现代乃至当代西方资产阶级社会思潮、政治哲学、经济理论的变迁原因及相互关系，分析当代资本主义国家政策的理论基础和演变趋势，亦有一定的借鉴作用。

在我国，同"自由"的概念一样，"自由主义"一词的含义在日常用语中的界定也是不严格的。例如，人们常常在"自由"一词的贬义基础上望文生义地引导出一种贬义的"自由主义"概念。这种"自由主义"是把"自由"一词中的贬义内涵极端化，通常被用来形容一种不愿意受任何约束、为所欲为的不良行为以及与之相联系的态度、作风和思想倾向。这种所谓的"自由主义"实际上就是无组织、无纪律的放纵主义。

那么，什么是自由主义呢？在理论领域中，自由主义主要是指一种思想体系，其历史起源是欧洲的自然法则思想、人道主义和改良主义。作为一个独立的思想体系，它最初形成于17世纪的英国，并且一直是资本主义世界中占统治地位的思想体系和意识形态。从近代社会发展的历史看，自由主义同时又是一种革命运动，在这场运动中建立起来的自由主义社会体制，就是近代的资本主义社会体制。由于自由主义始终与社会政治、经济实践紧密地结合在一起，自由主义一词的含义也就发生了变化，一般可以把自由主义思想的发展分为两个阶段，第一个阶段是从17世纪到19世纪的古典自由主义时期。而现代自由主义又叫"20世纪的自由主义"，它产生于19世纪后期，盛行于20世纪，所以，人们通常所说的"自由主义"概念就是指现代自由主义。

尽管自由主义被贴上了各种形形色色的标签，但归纳起来，它们都具有如下共同特点，即：1. 坚决维护私有制，主张个人的自由发展，这种发展不应受到来自社会、国家在思想上、政治上和经济上的强制和约束。主张在所有的生活领域内实现个人的独立、自我负责、自我决定；2. 主张在法律上、政治上人人平等，人人都有参与经济生活和社会生活的权力。自由主义认为，这种理想只有在一个自由、民主的国家制度、经济制度和社会制度中才能得以实现。

除了上述的所谓自由主义理想之外，自由主义还提出了一系列的具体主张，即：1. 在政治上实行法制，建立和巩固法制国家，并借此限制国家的权力，防止国家的专制。法制是保障个人自由的前提，宪法必须包括一整套保障个人和公民基本权利的内容，这些基本权利保障公民不受国家的干预，而国家应当保证公民有自由发展的空间。消除某些特定社会集团的特权，所有公民在法律和政治面前均是平等的，政治自由化的政权形式是议会民主制。2. 在经济方面，建立和维护一种生产商和消费者都可在不受国家干预的条件下追求其利益的经济秩序。主张国际范围内的自由贸易。在自由市场经济的条件下，不是由国家，而是由私人经济的参与者来决定经济生活的进程，国家只应为经济运行制定法律秩序并督促和观察其实施情况，而不是直接介入经济生活（把国家的职能局限在"值夜班的守夜人"的范围内）。由英国古典经济学家，尤其是亚当·斯密（1723—1790年）提倡的经济自由主义的这一主张，受到了英国曼彻斯特自由主义者的极力推崇，后来它形成了资本主义经济制度和社会制度的意识形态基础。3. 建立一个人人都可以按照自己所选择的道德标准、哲学和宗教等世界观来塑造个人生活的社会，国家在世界观上保持中立和宽容的态度，并保障个人的自由发展。

自由主义的上述主张，是在同封建专制主义的激烈斗争中诞生和发展起来的。所以，它不仅是对新时代的思想反映，而且也表现为对封建专制主义理论的全面批判。它代表了当时那些在经济上富有成就，但政治上无权无势的资产阶级市民阶层实现经济自由、社会解放以及参与国家管理的要求。自由主义的思想为这些人在同贵族等级、高级僧侣、专制君主、封建社会制度、重商主义经济制度以及同东正教教会的斗争中提供了思想武器。在1688年的英国革命、1775年至1783年的美国独立战争和1789年的法国资产阶级大革命中，自由主义思想获得了广泛的传播。

1689年英国的《权利宣言》、1776年美国的《独立宣言》、1789年法国的《人权·公民权宣言》以及法国资产阶级大革命的"自由、平等、博爱"的口号中，均包含着自由主义的主张。自由主义思想体系的产生与发展并不像其他学说那样，有一个公认的创始者或奠基人，例如无产阶级革命理论的公认导师是马克思和恩格斯。自由主义思想体系是由许多资产阶级学者们共同创立和发展的，如英国的洛克（1632—1704年）、边沁（1748—1832年），法国的孟德斯鸠（1689—1755年）、卢梭（1712—1778年），德国的莱辛（1729—1781年）、席勒（1759—1805年）、洪堡（1767—1835年）和康德（1724—1804年）等人都曾提出并宣传过自由主义的部分主张。

在资产阶级革命的时代里，自由、民主和平等这三大口号是并列的，争取自由的斗争与争取平等的斗争是结合在一起的。自由主义思想的传播和随之而来的革命，打破了封建贵族和高级僧侣们把持的国家政权对社会生活的全面统治。在政治上，直到20世纪初为止，自由主义在绝大多数欧洲国家成功地贯彻了它的一些主张。例如，将专制王权改变成君主立宪制，后来进而将其改造成议会共和国或议会君主制。在经济上，资产阶级和新的资本主义生产关系摆脱了一切束缚，得到了充分和自由的发展。

随着历史条件的变化以及自由、民主和平等观念的发展，这三个目标之间的一致关系开始破裂，彼此之间有时甚至发生了矛盾和冲突。资本主义制度建立后，在放任主义流行的时代里，西方社会的不平等发展到了极端的程度。轰轰烈烈的工业革命所带来的好处，绝大部分为少数资本家和暴发户所获得。封建社会制度固有的不自由、不平等以及贵族的特权被消除后，新的特权、不平等、不自由和人身依附现象又出现了。其具体表现是，只有那些拥有财富、受到良好教育、拥有优越经济地位的社会集团才能真正享用他们的经济自由、政治自由的权利。国家所保障的公民的基本权利成为只保障那些拥有生产资料、私有财产的占有者特权的代名词。19世纪和20世纪初的自由国家实际上变成了阶级国家，其社会亦变成了阶级社会。在这个社会里，占统治地位的资产阶级凭借其经济权势而掌握了政治上的权力，并且利用其特权来压制无产阶级和工人运动，从而在政治、社会，尤其在经济利益方面贯彻他们的主张。主宰经济生活的资本家只对能增加其财富的生产率感兴趣，根本不关心工人的处境。广大劳动人民，特别是工人阶级，并没有得到真正的自由和幸福，实际上仍过着极其悲惨的生活。英国哲学家格林曾经指出，一个伦敦工厂吃不饱的公民分享到的英国文明并不多于一个奴隶在古代雅典享有的部分。美国著名法学理论家路易斯·布兰代斯认为，公民的政治自由正在受到新兴的经济势力的侵害，垄断企业使工人沦为一种可悲的工具，"过着比往昔黑奴还要凄惨的生活"。由此可见，政治自由本身并不能成为完全自由的保证，一个经济上不自由的工人阶级，其命运自然也就完全掌握在他人手中了。

马克思主义的诞生，为无产阶级和劳动大众争取自由和民主提供了锐利的思想武器。在马克思主义的指导下，19世纪的工人运动汹涌澎湃，社会主义思想也得到了广泛的传播，要求革命和改革的历史浪潮猛烈地冲击着自由资本主义的统治体系。人类社会进入20世纪之后，欧洲的自由主义运动便陷入了危机，在来自左翼的社会主义和共产主义，来自右翼的保守主义和法西斯主义的双重夹击下，自由主义陷入了濒临崩溃的境地。

资产阶级终于认识到，他们不能再像过去那样无视劳动人民的状况了。他们从自身利益所面临的威胁与危险中看到了社会改良的必要性。因为"社会不平等已经达到了这样的程度，除非采取某些积极的步骤，否则社会组织就会彻底崩溃"。他们试图通过国家机器来调整这一社会现实，以保障西方社会的继续发展,再也不能一味地"自由放任"下去。他们的这些新的设想,就是福利国家理论等新自由主义理论的重要来源之一。

俄国十月革命的胜利与法西斯主义的崛起,更加重了西方资本主义社会的危机。虽然自由主义在这种新的挑战面前部分地修改了自己的纲领,但从总的情况看来,它并没有有效地医治好资本主义社会制度固有的痼疾。

1929年开始的西方经济大萧条,把富兰克林·罗斯福这位资产阶级政治家推上了历史舞台,他实行的"新政"主要是对当时紧迫的社会现实问题的应急措施,这是自由主义思想发展史上的一个里程碑式的事件。凯恩斯的理论为"新政"的合理性提出了理论根据。凯恩斯认为,经济繁荣和充分就业只有通过采取考虑周密的公共政策才能得到保证。换句话说,只有通过国家对经济生活的干预才能达到社会繁荣,而政府进行干预的政策首先是投资的社会化,即有意识地通过国家预算的不平衡方式,获得基金来兴办公共工程,从而弥补私人投资的不足。凯恩斯干预政策理论的另一个内容是货币管理,也就是按照经济需要,用收缩和膨胀的政策来规定货币的价值。他强调,国家为了公民的福利,有采取积极(干预)行动的义务,这实际上就是把国家干预作为社会福利和个人福利所不可缺少的部分了。除了私有企业制度的"向上进取精神"之外,几乎没有什么事务是国家所不能干预的了。

第二次世界大战后,新自由主义得到了进一步发展。面对现代工业社会的经济、社会等方面造成的新问题,提出的新挑战,新自由主义修改了古典自由主义的旧纲领,从反对国家干预到强调国家对经济、社会的调节作用,从强调资产阶级的政治自由到重视社会的平等和大众的"福利",使这一思想体系变得更庞杂,概念也变得更为模糊了。如今,无论自由主义思想体系怎样千变万化,其维护资本主义制度的这一根本核心没有变。它提出的社会平等和大众福利，主张国家对经济生活在一定程度上的干预，甚至主张在一定范围内对企业实行国有化或政府所有制，其目的并不是要消灭资本主义私有制，而是为了弥补它的缺陷，使它能够继续生存下去。20世纪70年代以来，在美国和西欧大部分国家的经济生活中首先出现的"滞胀"现象虽然从根本上动摇了凯恩斯主义的理论基础，但并没有因此减缓各资本主义国家政权对经济生活和社会生活领域的干预步伐。如今，可以说没有一个现代西方国家的政府是不去积极干预经济生活的。

自由主义思想体系的演变过程告诉我们，这种思想体系是在同封建专制主义的激烈斗争中产生和发展起来的，它适应了当时社会经济发展的需要，对推动社会的向前发展曾起到过积极的进步作用，成为人们同落后、反动的封建专制主义斗争的有力思想武器。只是到了社会主义革命时代，各种资产阶级自由主义才开始具有消极甚至反动性质。究其原因，这并不是"自由"本身的缘故，而是因为时代不同了，代表人类最先进思想的马克思主义已经诞生。也就是说，只有当资产阶级自由主义学说向社会主义自由理论进行挑战和攻击时，它们才把自己置于与历史发展潮流相悖的位置上。

马克思主义学说并不像米瑟斯等资产阶级学者所攻击的那样，它并不是什么极权主义或专制主义学说。从严肃的政治哲学角度着眼，马克思对于自由、对于争取全人类的解放等方面的理论观点的阐述是最严谨、最科学的。马克思、恩格斯在《共产党宣言》中曾指出："代替那些存在着阶级和阶级对立的资产阶级旧社会的，将是这样一个联合体，在那里，每个人的自由发展是一切个人的自由发展的条件。"由此看来，马克思主义的出发点和最终理想，就是每一个人的个人自由与自由发展。这种真正意义上的自由以及实现这一自由的途径，与自由主义思想体系的主张有着本质的区别。这一点，是我们绝不能忘怀的。

当前，我国正进行着伟大的、决定着我国社会主义前途和命运的历史性变革。在邓小平同志建设有中国特色社会主义理论的指导下，中国共产党领导亿万人民坚持四项基本原则，以经济建设为中心，坚定不移地进行经济体制改革和政治体制改革，坚定不移地加强精神文明建设，使社会主义的优越性得到了越来越充分的发挥，社会生产力得到了前所未有的发展。社会主义在中国大地上显示的蓬勃生机，有力地驳斥了自由主义预言家的种种论调。我国改革、开放的成功实践，捍卫和发展了马克思主义。思想史的经验告诉我们，要想持之以恒，更加卓有成效地捍卫和发展马克思主义这一代表人类先进阶级的思想体系，还必须认真地了解、研究和批判西方的自由主义。而了解、研究西方的自由主义，较可靠的方法就是弄清它的来龙去脉，掌握其发展的基本线索，使我们通过比较，加深对马克思主义正确性的理解，更加坚定对马克思主义的信仰。米瑟斯的这部著作，为我们提供了一部较系统的参考资料和批判教材。

《自由与繁荣的国度》全书共五章。引言，序言，第一、第二章由韩光明翻译；第三、第五章由潘琪昌教授翻译；第四章由李百吉、韩光明合译。冯兴元翻译了部分内容。本书由孟庆龙统稿。朱忠武教授做了大量的组织工作，谨在此致以谢忱。由于翻译水平有限，加之时间仓促，难免有错误和疏漏，敬请读者给予指正。

韩光明　徐海宁
1994.11.6

目　　录

引言 …………………………………………………… （1）
序言 …………………………………………………… （42）
    一　自由主义 ……………………………………… （42）
    二　物质福利 ……………………………………… （44）
    三　理性主义 ……………………………………… （46）
    四　自由主义的目的 ……………………………… （48）
    五　自由主义与资本主义 ………………………… （50）
    六　反自由主义的心理根源 ……………………… （53）
第一章　自由主义政策的基础 ……………………… （58）
    一　所有制 ………………………………………… （58）
    二　自由 …………………………………………… （60）
    三　和平 …………………………………………… （63）
    四　平等 …………………………………………… （67）
    五　收入关系和财产关系的不平等 ……………… （70）
    六　私有制和道德伦理 …………………………… （72）
    七　国家与政府 …………………………………… （74）
    八　民主 …………………………………………… （77）
    九　暴力论的批判 ………………………………… （80）
    十　法西斯的批判 ………………………………… （85）
    十一　政府作用的极限 …………………………… （89）
    十二　宽容 ………………………………………… （92）

十三　国家与反社会的行为 ………………………… (94)
第二章　自由主义的经济政策 ……………………………… (97)
　　一　国民经济的组织 ………………………………… (97)
　　二　私有制及其批判者 …………………………… (100)
　　三　私有财产和政府 ……………………………… (104)
　　四　社会主义的不可实行性 ……………………… (106)
　　五　干预主义 ……………………………………… (111)
　　六　资本主义是一切社会关系中唯一可行的
　　　　制度 ……………………………………………… (119)
　　七　卡特尔、垄断与自由主义 …………………… (124)
　　八　官僚主义化 …………………………………… (128)
第三章　自由主义的外交政策 …………………………… (137)
　　一　国界 …………………………………………… (137)
　　二　自决权 ………………………………………… (139)
　　三　和平的政治基础 ……………………………… (141)
　　四　民族主义 ……………………………………… (147)
　　五　帝国主义 ……………………………………… (150)
　　六　殖民政治 ……………………………………… (153)
　　七　自由贸易 ……………………………………… (157)
　　八　自由迁徙 ……………………………………… (162)
　　九　欧洲合众国 …………………………………… (167)
　　十　国际联盟 ……………………………………… (172)
　　十一　俄国 ………………………………………… (174)
第四章　自由主义与政党 ………………………………… (178)
　　一　自由主义者的"教条主义" …………………… (178)
　　二　政党 …………………………………………… (180)
　　三　议会主义的危机与等级议会和经济议会
　　　　的思想 ………………………………………… (192)

四　特殊利益的政党与自由主义 …………………（197）
　　五　政党宣传和政党机器 ……………………………（201）
　　六　资本主义的政党？ ………………………………（204）
第五章　自由主义的前途 ………………………………（210）

附录 ………………………………………………………（215）
　　一　关于自由主义的文献 ……………………………（215）
　　二　关于"自由主义"这个术语 ……………………（219）

引 言

路德维希·冯·米瑟斯与自由主义

汉斯—海尔曼·赫柏

社会主义在苏联和东欧国家的崩溃，使路德维希·冯·米瑟斯的名字再次引起了世人的瞩目。他与弗里德里希·A. 哈耶克和米尔顿·弗里德曼一样，被人们称为社会主义的批评家之一，也是预见到社会主义必将虚脱的预言家之一。但是，人们在把路德维希·冯·米瑟斯与哈耶克或弗里德曼相提并论的同时，也深深地感受到，如今，他的著作在讲德语的国家和地区实际上已经湮没无闻，几乎被人遗忘。今天，在他的故乡奥地利，人们对他的熟悉和了解远远不如在他度过了生命的最后三分之一的美国。路德维希·冯·米瑟斯是20世纪最杰出的思想家之一，无疑也是20世纪的一位最重要的经济学家和社会学家。弗里德里希·A. 哈耶克将他称为与伏尔泰、孟德斯鸠、托克维尔和约翰·斯图尔特·米尔不相伯仲的伟大思想家。[①] 然而，即使是这样的比较，对米

[①] 弗里德里希·A. 哈耶克："序言"《回忆路德维希·冯·米瑟斯》，斯图加特：古斯塔夫·费舍尔出版社1978年版，第6页。（F. A. Hayek, "Einleitung" Zu Erinnerungen von Ludwig von Mises, Stuttgart: Gustav Fischer, 1978, S. X. I.）

瑟斯而言，也几乎是不公正的。这是因为，米瑟斯以他在国民经济学领域中的一系列非凡成就以及他撰写的《人类行为》的鸿篇巨著，登上了无人能够攀越的顶峰。他树立了一座思想的丰碑，这座丰碑无论在其基础性、系统性、题材范围之广博、阐述问题之简洁和完整、概念之明晰锐利，还是在社会科学领域的长期有效性等方面都是独一无二的。把他的著作与任何重要的先驱者的著作相比较，都会使后者顿时显得相形见绌。

那么，为什么路德维希·冯·米瑟斯会受到冷落和歧视呢？他的生平和著作正要解答这个问题。米瑟斯的坎坷命运正是他所处的世纪——社会主义的时代：从共产主义、法西斯主义、民族社会主义到社会民主主义——所造成的，而且恰恰也是这个世纪才使他逐渐成长为自由主义和资本主义的一位最伟大的理论家。

一

路德维希·冯·米瑟斯于1881年9月29日出生于奥地利的兰姆贝格。[①] 他的父亲是一位名叫阿图尔·埃德勒·冯·米瑟斯的犹太人。母亲阿德勒是一位土生土长的奥地利兰道人。路德维希是这个家庭的第一个孩子。老米瑟斯是奥地利铁道部的一名工程师，路德维希出生的时候，他正在奥匈二元帝国加利茨茵省的兰姆贝格任职。路德维希·冯·米瑟斯在维也纳度过了他的学生时代。1900年他开始在维也纳大学攻读法律和经济学，1906年获法学博士学位。毕业后，曾先后在几个律师事务所从事律师职业。1909年至1934年任维也纳工商行政管理局秘书，其间曾因服兵役参战而一度中断这个职务。1919年他已成为奥地利颇有名望的经济学家。在维也纳工商行政管理局任职的同时，他还在

---

① 米瑟斯的弟弟理查德·冯·米瑟斯后来成为一名著名的数学家和概率论专家，曾在柏林大学执教数年，后来去伊斯坦布尔的哈瓦尔德大学任教。

大学担任兼职教师，最初是在维也纳女子商业学院任兼职教师，1913年，当他取得大学授课资格之后，即担任大学讲师，最后于1918年任维也纳大学不拿薪金的副教授。

1900年前后，在讲德语的国家和地区，几乎每个人都是国家主义或社会改良主义的拥护者。人们普遍认为，资本主义和自由主义不但已经过时，而且是日落西山，一败涂地。甚至连那些反对马克思主义的人也毫不怀疑社会主义包含着"合理内核"，他们以此为根据，主张对国家实行全面的"社会改革"。在精神生活领域内，以齐尼思为代表的历史至上主义风靡一时，经济历史学是当时最流行的学科。人们对抽象的古典国民经济学理论不屑一顾，似乎世界上并不存在着放之四海而皆准的经济法则。如果有什么东西可以称为理论的话，那么，它必然或仅仅只是经济历史的抽象和概括，除了历史学以外，其他的学科不能称为理论。古斯塔夫·冯·施莫勒（1838—1917年）被称为"正统的国家经济学"的大师。他的学派，即讲坛社会主义充斥了大学的课堂，尤其在德意志帝国内更为盛行。科学变成了档案卷宗中的材料拼凑起来的出版物的大杂烩。人们公开承认，历史"启蒙"的目标就是相对主义。国家官员则将美化国家的职能，并且为其正义性的辩护视为他们的天职。知识分子先是自命他们是霍亨索伦王室的知识卫队，然后成为执政的社会民主党的精英，最后又变成希特勒的追随者。施莫勒的最著名的继承人维尔纳·松巴尔特（1863—1941年）甚至被冠以上帝的使者的美名。

刚走进大学校门时，米瑟斯也是一名国家主义的拥护者。尽管他拒绝接受马克思主义，同时还认为"历史学派"的相对主义毫无意义，在他的眼里，大多数德国的小历史学家对普鲁士国家的美化和颂扬是荒唐可笑的，但是，他也很热衷于"社会改良"。每当一项社会政治措施没能取得预想的成就时，他就将其原因归咎于这一改良措施不够彻底。米瑟斯还认为，拒绝社会改良的自由主义是一种错误的思想体系，必须予以坚决反对。经济历史学家卡尔·格吕贝格——一位历史学派的追随者——曾是他的第一位导师。在格吕贝格的启示下，米瑟斯完全按照历史学派的思想和风格完成了他的第一本书的写作，书名为《加利茨茵地区农场主与农民之间关系的历史演变（1772—1848）》。[①] 然而，他也因此产生了第一个疑问。通过对维也纳住宅市场的调查，米瑟斯得出了住房的紧张状况是由于一项税收法律的失误而造成的这一结论，而错误的立法又导致了企业无法在住宅建设方面实行企业经营活动。大约在1903年年底，他阅读了卡尔·门格尔的著作《国民经济学原理》。[②]

---

① L. v. 米瑟斯：《加利茨茵地区农场主与农民之间关系的历史演变（1772—1848）》，见《维也纳国家科学研究》第四卷第二册，维也纳1902年版。〔L. v. Mises, *Die Entwicklung des gutsherrlich — bäuerlichen Verhältnisses in Galizien（1772—1848）*, Wiener Staats—wissenschaftliche Studien, 4. Bd, 2Hft.〕

　　卡尔·格吕贝格（Carl Grünberg）于20年代初应邀到梅茵河畔的法兰克福大学任教，并担任这所大学的社会学研究所第一任所长。后来，该所在马克斯·赫尔克海姆的领导下，与特奥多·阿多尔塔、海尔贝尔特·马科泽以及尤尔根·哈勃尔马斯等人建立了密切联系，成果卓著，赢得了很高的声誉。

② 卡尔·门格尔（1840—1921年），他单独或与W. St. 耶冯斯以及 L. 瓦尔拉斯合作，创立了主观主义价值论和新古典经济学，同时也是维也纳边际效用学派的创始人。在"方法论的论争"中，他作为纯理论的辩护者反对施莫勒和历史学派的理论。当米瑟斯在维也纳大学开始其学业时，门格尔正准备结束他自1873年就已在该校从事的教学生涯。门格尔与米瑟斯两人之间的个人关系直到1910年以后才建立起来。

　　门格尔过早退出社会生活舞台的原因是他个人的悲观主义情绪日趋强烈。在19世纪最后的三十多年时间里，欧洲各国纷纷背弃了自由主义和资本主义。尤其是在19世纪70年代末，奥地利也加入了背弃自由主义和资本主义的行列之中，门格尔将这一切视为即将到来的灾难的征兆。他认为这场灾难势所难免。在维也纳大学，他变得越来越孤立，其个人影响也日渐消失。奥地利和维也纳的讲台越来越多地被普鲁士德国的历史学派所占据。门格尔将他的悲观主义观点告诉了他的学生和朋友、奥匈帝国皇太子鲁道尔夫大公，鲁道尔夫大公与他的恋人于1889年在迈耶林双双自杀身亡。

门格尔的这一著作使米瑟斯对国民经济学产生了浓厚的兴趣，最终使他成为了一名国民经济学家。1904年，欧根·冯·波姆—巴威克辞去了奥地利经济部长的职务，随后到维也纳大学担任教授。从此，波姆这位1881年至1889年曾在因斯布鲁克担任教授——由卡尔·门格尔创立的维也纳经济学派（或称为奥地利学派）的一位杰出的继承人和发展者——成了米瑟斯个人的一位最重要的老师。直到1913年，米瑟斯都定期参加波姆主办的研讨会。①

波姆主持的最后两期研讨会的讨论课题是米瑟斯于1912年为取得大学授课资格而发表的论著《货币理论及货币流通理论》，这部著作在学术上达到了巅峰，至今仍然无人超越。

这是米瑟斯的第一部主要著作，在这部著作中，米瑟斯不仅从思想上与历史学派实行了彻底决裂，而且也全面抛弃了历史学派的研究方法。这部著作同时还奠定了他在奥地利学派中第三代领袖的地位。米瑟斯完善了门格尔和波姆—巴威克关于货币理论的思想体系，他首次使货币理论（现代流行的行话将它称为宏观经济学）与一般的效用理论（即微观经济学）结合成一个整体。这部著作以其系统的创造性、逻辑分析的严谨性以及深刻的洞察力闪烁着熠熠光芒。米瑟斯论述道：货币是一种以再次售出为目的的交换工具，其最初的起源只能以商品货币（例如黄金）

---

① 欧根·冯·波姆—巴威克（1815—1914年）系统地发展了门格尔关于利息理论和资本理论方面的思想。他的纪念碑似的代表作是三卷本著作《资本和资本利息》。他对劳动价值的批判给予马克思的经济学以致命的一击。波姆与卡尔·门格尔一样信奉自由主义。他在担任财政部长期间主张严格地保持奥地利货币的金本位制，而且主张在没有中央银行帮助的前提下实现预算平衡。

其他参加波姆举办的研讨会的著名人士有瓦尔拉斯学派的经济学家约瑟夫·熊彼得；实证主义哲学家奥托·纽拉特；原马克思主义者，后任奥地利社会民主党领袖的奥托·鲍尔。

的方式出现。他指出，每一种货币量都同样是"最佳的"，增加货币的投放量（它有别于增加消费货物量或资本货物量）没有任何社会意义，而仅仅会导致该货币购买力的减少和损失。[①] 他还论证道：增加货币投放量绝不会导致所有商品价格的同时、同步、按比例的提高，而是会影响相对价格和相对收入的整个系统的变化。米瑟斯分析了国家的货币政策，使人明显地感到他已同过去的国家主义观念实行了全面决裂。他透彻地揭示了政府和中央银行为什么有目的地推行通货膨胀政策的原因：增加货币的投放量并非同时对每个人都有利。政府及中央银行掌握着新货币的投放权，从它们那里源源不断地向社会发行货币，从而一步一步地提高物价，最终被涉及的商品涨价范围变得越来越大。在这一发展过程中，形成了系统的收入再分配的调整，它有利于富人，即较早的货币占有者，但不利于那些后来才获得新货币或根本没有获得新货币的人。通货膨胀是国家偷偷地实行抬高物价政策以及实行收入再分配的一个工具，借助于这一工具，政府可以从中集聚更多的财源，而且也有利于政府给予优惠政策的一些人和企业家。在大卫·李嘉图（1772—1823年）和英国的"货币学派"以及瑞典经济学家克努特·魏克赛尔的启发下，米瑟斯首次提出了后来以奥地利学派命名的经济周期理论的基本特征，他的这一研究成果在理论上具有开创性的意义。他指出：政府和中央银行也应对经济周期的反复循环问题承担责任，只要政府将新"创造的"货币通过金融市场注入经济生活之中，就会导致利息率降低到低于市场供求所决定的正常的市场利率水平之下的后

[①] 只有当货币是一种商品货币，而且具有其他非钱币性的用途时（例如黄金可用来做装饰品），这种货币量的增加才理所当然是有利的。也就是说，只有货币以消费品或资本货物的形态、用于非钱币的目的时，其总量的增加才有益无害，在这个前提下，当它作为钱币使用时，无论其总量的大小如何，均同样是"最佳的"。

果。而较低的利息率又导致投资规模的扩大和资本存量的增加，这就形成了经济繁荣（高涨）阶段。但是，由于实际消费趋势和储蓄趋势并没有发生任何变化，接踵而至的"校正"必然会有一个时间上的延迟，直到投资规模过大的问题暴露之后，人们才开始对错误的投资进行系统的清理和调整，这就是每次繁荣之后紧接着出现衰退的内在原因。米瑟斯认为，为了避免通货膨胀和经济周期的循环问题，政府必须放弃对货币的干预和控制，必须取消中央银行和政府对货币印制和发行所拥有的垄断地位，由金本位制以及在金本位制基础上建立起来的自由的、竞争的银行体系来取代政府和中央银行的地位。①

---

① 米瑟斯在他后来发表的著作中甚至走得更远。他指出：为了完全避免经济周期的循环问题，必须禁止任何用黄金来支付空头纸币的行为。作为储蓄银行的商业银行，在进行储蓄业务时，必须保证每一个储蓄人有权在任何时候都可以从银行提取现金（这与储蓄银行和借贷银行的功能相反，客户在这种银行提取现金，必须预先通知解约期限），而且，银行还必须拥有百分之百的储备金。

　　米瑟斯关于经济周期理论的论述详见他于1928年发表的《货币价值的稳定和周期政策》（*Geldwertstabilisierung und Konjunktur-Politik*）一书。他的这一理论被哈耶克本人以及哈耶克撰写的《价格与生产》（*Prices and Production*）一书介绍到讲英语的国家和地区。1974年，米瑟斯去世刚刚一周年，哈耶克就因他在发展米瑟斯—哈耶克的周期理论方面对经济学作出的贡献而获得诺贝尔奖。

　　米瑟斯的《货币理论及货币流通理论》（*Theorie des Geldes und Umlaufmittel*）一书发表后，凯恩斯即于1914年对该书发表了评论（详见《经济评论》第14期，第417—419页。*Economic Journal* XXIV：417—419）。凯恩斯对该书进行了一番赞扬之后，继而评价米瑟斯的观点是"非建设性的"，而且"并不新颖"。后来凯恩斯承认他当时不懂德语。他在1930年发表的《论货币》（*Treatise on Money*）一书中承认："使用德文时，我只能清楚地看懂我已知道的东西，所以，往往因我的语言障碍而不能了解一些新的思想。"

二

　　同几年前的卡尔·门格尔一样，当时正在从事货币理论研究的米瑟斯也相信一场无法避免的灾难已迫在眉睫。第一次世界大战摧毁了奥匈帝国，哈布斯堡王朝从此灭亡了。布尔什维克在俄罗斯高奏凯歌。匈牙利经历了一场由贝拉·昆领导的短暂的共产主义试验。在德意志帝国，直到政权最终落入社会民主党的孟什维克改良派手中之前，许多地方出现了共产党人接管政权的事件。维也纳也面临着共产党人政变的威胁。但是，米瑟斯并没有被吓倒，他与奥地利最大的执政党——社会民主党的领袖，奥地利马克思主义理论家——欧根·冯·波姆—巴威克研讨班的同班同学奥托·鲍尔进行了数次彻夜长谈，终于成功地说服了鲍尔和他领导的政党放弃了政变的企图。米瑟斯的家乡奥地利终于免遭了一次共产主义试验的命运。当时，奥地利的前途掌握在鲍尔手中，他将按照他的马克思主义信仰给奥地利发出一次社会主义革命的信号呢？还是跟随德国的社会民主党走上一条改良的道路？米瑟斯在维也纳工商行政管理局积累了丰富的经验，他知道应该走哪条道路。他说服鲍尔相信，在1918年至1919年之交的冬天，如果发动一场社会主义政变，势必会在短期内归于失败。奥地利的生活必需品依赖进口，而生活必需品进口所需的雷里夫贷款又是由战时的敌国提供的。维也纳的粮食储备最多只能维持八天至十天。协约国可以在任何时候毫不费力地以中止粮食供给的手段迫使一个布尔什维克政权屈膝投降。如果发动一场社会主义政变，就会发生饥荒和抢劫，维也纳就会陷入血泊之中。鉴于这种形势，鲍尔决定"出卖"他的理想，走一条温和的改良路线。[①] 米瑟斯的

[①] 鲍尔因这次"出卖"行为受到了他的同志们的猛烈抨击。因此，他转而对米瑟斯大动公愤，唆使一些大学生攻击米瑟斯，但终未能达到将他从维也纳大学的教师岗位上赶走这一目的。

告诫获得了成功。然后，他就把主要精力用来争取结束通货膨胀的局面。但他也无法制止奥地利货币的急剧贬值。然而，1922年克朗最终被稳定在14000个纸币克朗兑换1个金币克朗的比价上，显然要归功于米瑟斯的影响和努力。因此，奥地利免遭了德国同期所经历的天文数字般的恶性通货膨胀、最终导致整个金融体系崩溃的不幸命运。[1]

除了从事以上实际政治活动之外，米瑟斯还继续他的理论研究。1922年，他的第二部主要著作《公有制经济：关于社会主义的研究》问世。[2] 这部著作的核心要点曾首次在他于1920年发表的《关于社会主义公有制中的经济核算问题》的论文中论及。米瑟斯提出了在社会主义制度下不可能进行经济核算的论断。他指出，在这种社会制度下，所有的生产要素，包括土地资源和土地在内均属公有，既不能买，又不能卖，因此，不存在着由于短缺而形成的市场价格。没有市场价格，就无法进行成本核算，更无法进行成本和收入的比较。社会主义并不像它的信仰者所认为的那样，意味着"更多或更好的计划"。而恰恰相反，社会主义意味着混乱：由于这种制度不具有任何合理的、可以用计量表示的计划和商业行为规则，它必然会导致对各种生产要素的持续不断的错误判断，造成资本的扭曲和社会生活水平的持续下降。米瑟斯在这些分析的基础上，在《公有制经济》一书中阐

---

[1] 美元与德国马克之间的比价在1914年是1:4，而在德国养老金制度改革开始之前的1923年11月，其比价已高达1:4.2万亿！

[2] 早在1919年米瑟斯就发表了《民族、国家和经济》（Nation, Staat und Wirtschaft）一书。在这部著作中，他利用了许多当代历史资料来研究战后的国际秩序问题，尤其是民族主义问题。正如他在后来发表的、今天再版的《自由主义》（中译本：《自由与繁荣的国度》）一书中所指出的那样，只有严格地奉行不干预主义政策，其中包括国家放弃对学校和教育事业的任何干预，才能保证各个不同的国家、不同的宗教以及不同的民族之间和谐的共同生活。

述了国家对市场的各种干预方式，进而在他于1927年发表的《自由主义》一书以及1929年发表的论文集《关于对干预主义的批判》中完整地提出了关于社会合作的理论体系。这一理论体系的核心是开创性地阐明了在资本主义和社会主义之间没有任何可行的"第三条道路"。在所有的干预主义制度下，尽管名义上仍然保留着私有财产和私人企业，但是，国家拥有"纠正"企业经营活动的职权，可以随时不断地干预市场，其结果不是逐步走上社会主义道路，就是退回到资本主义制度的老路。这是因为，每一项对市场实施干预的措施都会制造并产生出更多的、人们本想通过干预措施来解决的同类问题。例如，国家采取有利于穷人和失业者的收入再分配措施，不可避免地会造成更多的贫困潦倒的穷人和失业者，接踵而至的问题是，国家不得不再次提高救济金，扩大救济范围，最终的结局不是全面废除私有财产制，就是不得不减少乃至停止发放救济，两者必居其一。无论采取什么样的措施，国家都不可能实现它预定的干预目标。

三

早在米瑟斯提出他的货币理论时，就已经确立了他的历史地位，使他成为了门格尔和波姆的杰出继承人。此时，他又以其《公有制经济》这一新著闻名于全欧洲。正是由于此书的影响，整整一代年轻的经济学家，如弗里德里希·A.哈耶克、威廉·罗普克、伯尔梯尔·欧林、莱昂内尔·罗宾斯才先后由原来的社会主义者或社会改良主义者转变成为市场经济的捍卫者和理论家。

波姆—巴威克于1914年逝世，弗里德里希·冯·威赛尔在战后不久离开了维也纳大学，① 格吕贝尔迁往法兰克福。他们的

---

① 弗里德里希·冯·威塞尔（1842—1926年）与波姆—巴威克有姻亲关系，他是继波姆之后维也纳学派的第二代学者中最重要的代表人物。他于1903年接替了门格尔在维也纳大学的教席。与门格尔和波姆的区别在于，威塞尔既是国家主义者，又是社会改良主义者，他是哈耶克的第一位老师。

离去使维也纳大学原有的三个讲授国民经济学的教授席位相继全部空缺。许多人都期待着米瑟斯能够获得其中的一个教席，而且他本人也认为没有任何事物比在维也纳大学任教更值得追求了。但是，他早已看出，他在奥地利或德国获得一个正教授职位的愿望是注定无法实现的。主要有三个不利因素：其一，米瑟斯是犹太人，由于战败的后果以及随之而来的经济混乱，奥地利同德国一样，仇视和排斥犹太人的风浪日甚一日；其二，米瑟斯是一个传统的自由主义者，在第一次世界大战中，欧洲自由主义的最后残存的一点影响被摧残殆尽，人们纷纷转而热衷社会主义（其中一些人信仰社会主义的左翼——马克思主义，另一些人信仰社会主义的右翼——民主社会主义），或者成为法西斯主义的追随者；其三，米瑟斯是一个坚持原则的人，他坚决拒绝向所有与他的理论和观点不同的人作出妥协和让步，而充斥了共和思想的维也纳大学需要的却是善于见风使舵的机会主义者。米瑟斯当年的两个学生弗里德里希·A.哈耶克和弗利茨·马赫鲁普后来回忆这段历史时谈到，由于米瑟斯在学术上成果卓著，在上述三个原因中，只有其中的两个因素导致了他的谋职未获成功。① 后来，维也纳大学聘请了其他几位二流的、毫无影响的，但颇知迎合时

---

① 参阅 E. 克雷文《侨居国外的奥地利经济学家》，载《政治经济学史》1987年第 18 期，第 5 页。(The Emigration of Austrian Economists, *History of Political Economy*)

实际上排犹问题对米瑟斯谋求大学教授席位所造成的影响不大。哈耶克在他的一篇未写完的关于《帕尔格雷夫新辞典》(*New Palgrave Dictionary*)的论文中认定：当时在维也纳大学，尤其在经济专业所属的法律系里，就有许多犹太人担任教授职务。但按惯例，聘任一名犹太人必须得到维也纳犹太教公会的批准，而且能否获得这一批准对于聘任有着至关重要的意义。由于米瑟斯对社会主义思想体系进行了猛烈的、近乎毁灭性的批判，引起了维也纳犹太教公会的极大不满。因此，聘请米瑟斯担任教授一事与反资本主义的维也纳犹太教公会从中阻拦有着重要的关系。

尚的人接替了这三个教授的教席。①

直到1934年离开奥地利为止，米瑟斯不得不靠从事一些与科学研究无关的职业维持生计。作为工商行政事务管理局的项目专家，他每天都与当时的一些经济政策问题打交道，特别是处理一些有关财政、金融、信贷和税务政策方面的事务性工作，拟写报告和鉴定，作为奥地利派往一些国际组织、委员会以及代表团的代表参与国内外众多的谈判，为政府和经济界提供咨询，等等。这段时间的科研成果都是他利用业余时间完成的。

令人惊异的是，米瑟斯除了完成了大量的、多得出乎人们预

---

① 奥特马尔·施番、汉斯·迈耶尔和腓迪南德·克拉夫·德根费尔德—熊堡尔格三人接替了这三个教授席位。施潘是一名工会社会理论（普遍主义）学派的代表人物，对国民经济学理论几乎一窍不通，而且他还是一位反犹主义者，是知名的民族社会主义（纳粹）理论家。迈耶尔是最受威塞尔宠爱的学生，他毫无保留，而且毫无创新地继承了威塞尔的衣钵，堪称为机会主义的大师。为了不断地适应当时变化无常的政治现实，他先是国家主义的社会改良分子，自从1938年奥地利被纳粹德国吞并后，他又变成了一名纳粹分子，借机抨击他的仇人施潘还纳粹得不彻底（不久以后，施潘就被逮捕并遭到拷打）。苏联红军占领维也纳后，他又变成了一名共产党员，最后变成社会民主党的信徒。德根费尔德是格吕贝格的继承人，他是一位无足轻重、毫无影响的经济学理论家，他的资格和能力仅限于拥有贵族封号，以及使他的模样变了形的战争创伤和对犹太人的仇视。

其间，米瑟斯得到了两次应聘去德国高等学府担任教授的机会。一次是1925年去基尔大学，另一次是1928年去柏林高等商业学院，但每次对方谈到这一意向时，立即就有人煽动起针对米瑟斯的运动，使这两次聘请均未成功。

米瑟斯对由德国历史学派占主导地位的、由一批无甚名气的德国社会科学家们组成的德国社会政治研究会进行了毁灭性的批判。但是，在德意志帝国里仍有一批与米瑟斯友好相处、相交甚笃的学者。其中知名的就有马克斯·韦伯、马克斯·谢勒、雷欧波尔德·冯·威泽、阿尔伯特·汉恩、瓦尔特·祖尔兹巴赫、威廉·罗普克、亚力山大·吕斯托夫、戈兹·布里夫斯、格奥尔格·哈尔姆、理查德·巴索夫、爱伯哈德·戈特汉和路德维希·波勒，等等。

料的学术著作的写作之外,还从事了内容极为广泛、富有成果的教学活动。作为维也纳大学的兼职讲师和不拿薪金的副教授,他几乎二十年如一日地定期举办经济理论研讨会。他的教学成果日积月累,一年比一年增多。米瑟斯教学活动的成绩越大,教研室主任,特别是施潘和迈耶尔就越嫉恨,并且把这种嫉恨变成了对米瑟斯的学生们的歧视。只要哪位学生正式报名选修米瑟斯的课,那么他在考试中准难逃过穿小鞋的厄运。因此,米瑟斯的博士研究生和进修生们越来越明显地感受到他们所面临的人为制造的麻烦和歧视。① 但是,这一切都无法减少米瑟斯的魅力和影响,他举办的研讨班总是场场爆满,唯一的区别是绝大多数学生报名参加时都巧妙地填写"非正式听课生"的栏目。

　　米瑟斯教学活动的重点在校外,即在他的工商行政管理局的办公室里定期举办"私人研讨会"。从1920年到1934年离开维也纳前往日内瓦为止,每两周举办一次,从不间断。二十多位定期与米瑟斯聚会的研讨会参加者大都是他很器重的青年学者,他们都是来自几乎所有学科的代表,具有坚定的政治信仰,并且掌握各种不同的研究方法和手段。只要看一看这些人的名单就能知道米瑟斯及其研讨会的意义。当时绝大多数参加研讨班的人同米瑟斯一样,是利用业余时间从事科研的学者,几乎所有的人后来都在事业上取得了巨大的成功。其中绝大多数人在远离奥地利之

---

① 弗里茨·马赫鲁普是唯一的一位在米瑟斯的指导下完成博士论文的学生,他后来成为著名经济学家。弗里德里希·A. 哈耶克、戈特弗里德·冯·哈勃勒尔和奥斯卡·摩根斯坦等人直到获得博士学位之后才"正式"成为米瑟斯的学生。这几位后来的学生都通过了在大学授课的资格考试,而唯独马赫鲁普未能通过。他至少必须获得三个正教授中的其中一位的支持才行,但迈耶尔教授拒绝了他的请求,因为他是米瑟斯的学生。而施潘教授和德根费尔德教授不支持他的理由是他与哈耶克、哈勃勒尔以及摩根斯坦等人不同,因为他是犹太人。

后，成为闻名遐迩的科学家。弗里德里希·A.哈耶克、戈特弗里德·冯·哈勃勒尔、奥斯卡·摩根斯坦、保尔·罗森斯坦—罗丹以及理查德·冯·施特利格尔成为国际知名的经济学家。米瑟斯的研讨会在维也纳出名之后，当时负责米瑟斯与莫利兹·施利克领导的"维也纳交流圈"之间联络任务的腓利克斯·考夫曼后来成为一名著名哲学家和方法论专家。深受埃德蒙德·胡塞尔的现象学影响的阿尔弗雷德·舒茨成为国际知名的社会学家。埃里希·伏格林成为著名的政治学家和历史学家。卡尔·门格尔——门格尔的儿子，成为一位杰出的数学家。这种现象几乎是无与伦比的。正如弗里茨·马赫鲁普所说的那样："不知道世界上还有什么地方出现过产生了如此众多的国际知名学者的科研小组。"① 这个含金量极高，而且经常因著名的外国学者造访而获得丰富信息的学术圈子，在米瑟斯的领导下，聚到一起无拘无束地讨论国民经济学、社会哲学、社会学以及人类行为科学、认识论和方法论等方面的中心问题，前来造访的著名外国学者有约翰·V.范西克尔（洛克菲勒基金会），霍华德·S.埃利斯（伯克利）以及莱昂内尔·罗宾斯（伦敦经济学派），等等。研讨会从晚上7时持续到大约晚上10时，随后大多数参加者同米瑟斯一道去"安科拉·维尔德"饭店夜餐，然后再前往"艺术家咖啡馆"，在那里以非正式的形式继续讨论，通常持续到次日凌晨才结束。

此外，米瑟斯还参加了维也纳"国民经济学会"，并通过在这个学会的活动中发挥其影响。学会的核心成员是他举办的私人研讨会的参加者。米瑟斯任副会长，他的杰出领导才能使学会的工作获得了巨大动力，几乎所有的工作都是由他和他的朋友们完

---

① 参阅马尔吉特·冯·米瑟斯《我与路德维希·冯·米瑟斯的共同岁月》，第203页。（*My Years with Ludwig, von Mises*, Appendix One, S. 203.）

成的。① 这个同样是每两个星期举行一次活动的国民经济学会的会员范围明显比私人研讨会出席人的范围大得多。学会会员或来自国外的客人们参加该学会举办的会议，通常是先作学术报告，然后进行讨论，先后前来参加讨论会和报告会的外国客人几乎包括了国际上所有的一流经济学家。

四

尽管他孜孜不倦地努力工作，奥地利仍然继续滑向了可怕的深渊。对此，米瑟斯不抱任何幻想，他清楚地知道，虽然他也许能够推迟毁灭的进程或可以阻止零星的、更可怕的事件的发生，但他无力挽狂澜于既倒。他在回忆录中写道："我本想做一名改革者，但我却变成了一位崩溃的历史记录员。"

米瑟斯曾在战后成功地使奥地利避免了布尔什维克主义可能带来的灾难，而且也为奥地利1922年成功地实现金融稳定作出了显著的贡献。但他却无力制止国家持续不断地滥发货币和漫无止境地扩大信贷范围，更无法阻止政府日益顽固地转向干预主义政策的进程。

大量的理论研究使米瑟斯清楚地认识到，国家的每一项干预行动都是破坏性的，原想通过干预政策来克服的问题不但不能得以解决，反而还会带来更多同样的问题。实行干预主义政策的最终结果必然是一步一步地走向社会主义。有鉴于此，他判断，奥地利政府推行的政策是造成资本不断扭曲的原因，在这一研究基础上，他进而提出了经济周期理论，并且指出，信贷规模一旦扩

---

① 为了不至于对大学教授失礼，形式上选举了汉斯·迈耶尔教授担任学会会长。自从米瑟斯于1934年离开维也纳以后，该学会逐渐陷于瘫痪。汉斯·迈耶尔于1938年写信通知米瑟斯；由于他不属于雅利安人种，已被学会开除会籍。

大到超出实际储蓄量的程度时——或者把利息率降低到储蓄显示的市场利息率的水平之下时，先是会形成投资繁荣的现象，但接踵而至的就是纠正性收缩，最终不得不以经济衰退告终。作为著名的货币专家和金融（银行）专家，米瑟斯多次收到各大银行邀请他参加银行董事会任董事会成员的聘书，但他在1921年以前对这些邀请均予以谢绝，因为这些银行没有保证他们将采纳他的建议。嗣后，信贷规模扩大到他认为所有的银行都不再具有偿还能力的程度。弗里茨·马赫鲁普写道，早在1924年，米瑟斯就预言，地产信贷银行和当时欧洲最大的银行之一的信贷银行必将土崩瓦解。他的预言是准确的，这两家银行终于在1929年和1931年年初先后破产。1927年年初，米瑟斯创办了"奥地利经济周期研究所"，并聘请弗里德里希·A.哈耶克任该所所长。1931年，哈耶克去英国之后，由奥斯卡·摩根斯坦继任所长职务。由米瑟斯倡导，哈耶克、摩根斯坦以及哈勃勒尔等人付诸实施的研究结果清楚地论证了国际性的信贷规模过大和资本扭曲的范围和程度。而此时此刻，几乎所有的经济学家都被眼前经济繁荣的表面现象所迷惑。例如，当时美国最著名的经济学家欧文·费希尔就宣布：一场持续不断的、不可阻挡的经济高潮即将到来。与此相反，米瑟斯和哈耶克却预言：一场世界性的经济危机已迫在眉睫。事实果然如此，1929年果真爆发了全球性的经济危机。

基于对经济发展趋势及严峻形势的预测，1927年，米瑟斯也同样坚信奥地利正在走向深渊。自1922年以来，在奥地利执政的是基督教社会主义者和大德意志党人组成的联合政府，社会民主党是在野党。但政治权力的重心掌握在各州的州政府手中。社会民主党人是奥地利最重要的州和首都维也纳市政府的绝对统治者，下奥地利州和施泰尔马克州是两个第二重要的州，均由基督教社会党和大德意志党联合执政。社会民主党掌握了工会、联邦铁路、邮政和电信管理权。该党拥有自己的党军和卫队，这支军队拥有机关枪和轻型炮兵武器，其人数超过了政府正规军的三倍以上，还拥有一个规模庞大的恐怖机构，他们肆无忌惮地行使着"街头权利"。米瑟斯预言：作为对社会民主党人恐怖行为的反应，纳粹党必将崛起，并将最终夺取政权。因此，他反复警告他的学生们，政治流亡的命运很快就会降临到他们每一个人头上。

果然不出所料，1934年年初，社会民主党在同家乡保卫团之间的一场公开内战中被打垮，该党的领袖被驱逐出境。同年7月，恩格尔贝特·多尔弗斯——这位自1932年以来担任奥地利总理的基督教社会党的政治领袖——在纳粹党人发动的一场未遂政变中被人谋杀。自从纳粹党在德国攫取了政权以后，多尔弗斯利用粉碎奥地利社会民主党的时机，将他的权力迅速扩大到非常的程度，并借此建立了一个专制的等级宪法制度。在墨索里尼支持下，他曾试图阻止德国吞并奥地利的企图。然而，当奥地利—意大利同盟于1938年3月破裂之后，希特勒就迅速吞并了奥地利。德国人进军维也纳的当天晚上，纳粹党人就冲进了米瑟斯在维也纳的住宅，没收了他的图书馆以及所有的文件和手稿。米瑟斯本人因离开了奥地利而幸免于难。许多及时得到米瑟斯提醒的学生也同样在此之前就迁往异国他乡。① 实际上，在奥地利被吞并之后，几乎所有的米瑟斯圈内的成员都被迫走上了流亡的道路。

五

1934年年初，正当家乡保卫团与社会民主党的准军事组织

---

① 哈耶克于1931年离开奥地利，应聘前往伦敦经济学院担任教授；马赫鲁普于1933年流亡美国；哈勃勒尔于1934年去日内瓦，后于1936年迁往美国；摩根斯坦于1937年移居美国。

之间的街垒战发展到决定胜负的紧要关头，米瑟斯收到了日内瓦大学高级国际经济关系学院邀请他担任该院1934—1935学年的国际经济关系专业客座教授的邀请信。于是，他毫不迟疑地接受了这一邀请。直到1938年奥地利被吞并为止，他一直与维也纳工商行政管理局保持着联系，并且经常回维也纳处理一些公务。然而，从他的学生和朋友们唱着悲伤的歌伴送他迁往日内瓦的那一天起，就意味着他永远告别了奥地利。后来，他在日内瓦的教学合同被延长，因此，到1940年流亡美国之前，他一直住在那里。由于完全摆脱了日常琐事的纠缠，在日内瓦的那几年是米瑟斯最幸福、成果最丰富的几年。在威利安姆·拉柏尔德和保尔这两位学院的领导人以及威廉·罗普克、路易斯·鲍丁、古克里尔莫·费莱罗，还有他在孩提时代就建立了亲密友情的汉斯·克尔森等志趣相投的学术圈子里，米瑟斯可以无拘无束地从事他的科研工作。

1933年，也就是在移居瑞士之前，米瑟斯发表了题为《国民经济学的基本问题》的论文集。这是一本在理论研究方面具有开创性意义的系列论文集。在这些论文中，他首次系统地研究并提出了如何根据逻辑学和认识论的基本原理来表述经济学问题、经济法规问题以及经济学理论与历史学之间的关系等方面的问题。他后来发表的一系列重要著作，特别是1957年发表的《理论与历史》这一哲学杰作以及1962年发表的最后一部著作《经济学的根本基础》，其基本观点都来源于这部论文集。

历史主义和传统至上主义断然否定经济法则的存在，并且认为，人类社会只有历史，舍此之外，别无他物。此外，实证主义的出现以及由卡尔·波普尔提出的所谓"批判理性主义"的观点也形成了新的挑战。没有任何人像米瑟斯那样了解这种挑战的意义了。"维也纳学派"，或者更精确地说"施利克圈子"是实证主义者的中心。米瑟斯的弟弟理查德就是这个圈子里的一名重要成员。腓利克斯·考夫曼则既是"米瑟斯圈子"的成员,又是"施利克圈子"的成员,他经常把施利克圈子里的人带到米瑟斯举办的私人研讨会上作客。施利克的学术圈比米瑟斯的学术圈要小一些,起初几乎没有什么影响力。但是,自从这个学术圈的绝大部分成员流亡到盎格鲁—撒克逊的英美等国之后,实证主义哲学才开始引人注目,其影响历经数十年而不衰,至今它已成为西方世界的一种占主导地位的哲学。① 与历史主义不同的是,实证主义并不否认经济法则存在的可能性,但是,它认为,经济法则只有两种表述方式:其一,任意(随机)作出术语规定,采用各种同义反复的方式对经济现象进行推导分析,这种表述形式没有规定某些前提和假设,因此,它不包含任何经验分析的成分。其二,以经验和现实为根据的表述形式,这种形式只有在规定前提和假设的情况下才具有实用价值,因此,采用这种形式来表述经济法则时必须不断地用经验来加以检验和证明(按照实证主义的观点,经济学要么变成一种毫无意义、毫无实用价值的数学游戏,要么变成一种"经验性的经济分析手段"或者变成

---

① 维也纳圈子的其他成员有奥托·纽拉特、鲁道尔夫·卡尔纳普、卡尔·G.亨姆佩尔、海尔伯特·费格尔、维克多·克拉夫特、弗里茨·瓦斯曼和古斯塔夫·贝尔格曼。路德维希·威特根斯坦和卡尔·波普尔两人属该圈子的外围人士。

米瑟斯兄弟两人之间的关系长期以来就很紧张。这种紧张关系在他们的流亡生活中有所缓和,但从未密切交往过。米瑟斯在评论理查德撰写的那本《实证主义》著作时,认为此书从第一页到最后一页都是错误的。但他却很赞赏理查德关于概率论的客观频率分析这一研究成果。米瑟斯通过提出偶然性及无规律性概念的准确定义,在国民经济学领域内对发展和完善理查德·冯·米瑟斯的理论具有决定性的意义,这一重大理论问题在当时很少有人予以关注。

在经济学领域内对实证主义哲学的全面突破是由米尔顿·弗雷德曼完成的,他于1953年发表的关于《实证主义经济学的方法论》(*The Methodology of Positive Economics*)的学术论文澄清了这一理论问题。

"社会学的不完整的技术手段",实证主义的这一观点与历史主义极为相似,它们均认为,经济理论和经济历史这两者之间没有系统的区别;经济历史是测验所有经济理论的须臾不可缺少的基础和试验场)。

同其他绝大部分古典经济学家一样,米瑟斯认为。用历史主义,尤其是实证主义及其错误的认识论和方法论来从事经济科学的研究是不恰当的,因此,他驳斥了实证主义,并且指出实证主义理论是错误的。

人们也许认为,实证主义的研究方法在自然科学范畴内的立足点是可靠的。但是,如果把实证主义的研究方法引进经济学范畴,必然会产生全面的错误认识(几乎所有的实证主义的领袖人物,包括波普尔在内,都是训练有素的数学家或自然科学家,这种现象绝非偶然)。实证主义者所观察的仅仅是一些典型的、最基本的经济现象:其一,无论何时每个人都希望占有更多的财富,即,在财富的多寡之间作出选择时,每个人都愿取其"多"者;其二,每一次在自愿的前提下进行的货物交换都是对交换的双方有利的(否则这种交换就不可能发生),而且双方都认为,被交换的商品或劳务是"不平等的"(与付给对方的商品相比,双方更喜欢通过交换而获得的商品)。同时,交换的双方都声称在交换过程中给予了对方优惠(即双方均对自己的商品的价值实行高估,与此同时,对另一方的商品价值实行低估);其三,货币发行量的增加会导致货币购买力的下降(从而形成收入再分配的过程);其四,人为规定的最低工资标准若高于市场形成的最低工资标准会导致失业率的增加。对于波普尔之类的实证主义者而言,以上经济现象的表述要么是没有内容的同义反复,要么就是内容丰富的、可以用经验加以证明的假定或假设。但是,实际上这两种表述都不能从根本上说明问题。这些现象所反映的只是明显的事实(它们并不是任意的术语规定,因此,不能用实证主义的方法进行"分析"），是不用假设就客观存在着的现实状况（规定最低工资标准是否会导致更高的社会福利水平或者反之会导致更高的失业率以及加剧相对贫困化等问题。人们既不能"尝试"，也不能"测试"。因为人们清楚地知道，规定最低工资标准绝不可能导致社会福利水平的提高，而只会造成更高的失业率和更严重的贫困现象）。上述现象的表述准确地说明了实证主义者和波普尔的门徒们认为不可能或不能科学地阐明的问题：即非假设性的现实认知。按照康德的术语来表述，即先验的真实的综合判断。

然而，米瑟斯并没有对此满足，他继续向前迈进了决定性的一步，将经济学拓展成为一种十分清楚的演绎科学。一切真正的经济学原理的出发点都基于一个公理：即人们在其行为过程中都追求某种特定的目标，他们在若干个较高或较低的目标中作出自己的选择（即作出择优选择），以便使他们主观想象的利益（即幸福）能够在最大限度上得到满足。毫无疑问，这一公理真实的，不论是否认它的人或反对它的人都不得不按照这个公理办事。同公理具有非假设性、先验性和真实性一样，在借助附加的、以经验为根据的，而且可以证实的假设的前提下，所有直接或间接地从公理中演绎和推导出来的表述也具有非假设性、先验性和真实性。以经济法则中的基本理论之一——边际效用理论为例，它从上述不容置疑的经济现象的表述中逻辑地推论：每个人的行为方式都相同，即他在任何时候都会对能更满足其愿望的事情作出择优选择。边际效用理论还假定：在具有相同使用价值的前提下，人们为了增加另一种货物单位，必须使自己储存的货物变成可以实行交换的单位，通过交换而获得的新的货物单位可以满足再增加这种原有的货物储存而不能满足的需求（即边际效用递减定理）。如果认为这一定理需要用假设或经验来证明的话，那么，这种看法不仅是荒谬的，而且也是一种智力紊乱的表现。这一定理的真实性是不可否认的，经济历史和社会历史不可能来"测试"这一定理，而仅能在很有限的程度上以历史上的具体事例来说明这一定理的有效性。

在日内瓦任教期间，米瑟斯每星期只有两节课的教学任务，加上良好的外部环境，使他能够专心致志地从事研究工作。1940年他发表了《国民经济学：行为与经济》这部他的主要著作。米瑟斯运用了他在认识论方面的研究成果，以人的行为为出发点，逐步归纳和发展了他过去在货币理论、经济周期理论以及社会制度理论等方面的科研成果，从而创立了完整的理论经济学体系。

六

到此时为止，米瑟斯在国民经济学领域的一系列科研成果已达到无人攀越的顶峰。然而，这些丰硕的成果并没有引起人们的关注和重视，他的著作发表后犹如石沉大海，没有产生任何影响。直到十年以后，随着他的著作《人类行为》的发表以及1949年一部用英文重新扩展编纂的《关于经济学的论文》的发表，米瑟斯的国民经济学理论才开始产生影响并发挥作用。①

自1939年以来，欧洲处于战争状况之中。1940年，当他的《国民经济学》一书发表的时候，希特勒的军队正在向法国挺

---

① 为了强调经济学具有一种非假设性的、先验的现实科学的特性，米瑟斯最初将它称为社会学。后来，由于这一术语被人理解成其他完全不同的含义，于是，他又将经济学称为"人类行为学"（行为的逻辑）。

　　米瑟斯的学生莱昂内尔·罗宾斯率先将米瑟斯有关经济学的基础研究成果介绍给讲英语的国家和地区。罗宾斯在1932年发表的《经济学的本质和重要性》（*The Nature and Significance of Economic Science*）一书中表明了与米瑟斯相同的认识论和方法论的立场。但他在论述过程中也掺杂了一定的水分。直到50年代初实证主义和波普尔的学说实现突破并崭露头角为止，罗宾斯的这部著作一直被看成是经济学方法论的基础教材和指南。

进，6月14日，德军占领巴黎，两天之后法国政府投降。此时的米瑟斯感到他已处在敌国的包围之中：奥地利、德国、意大利，再加上直通日内瓦门户的法国陷落。在这种情况下，由于夫人马尔吉特（她是一位丧夫寡居的歌剧演员，米瑟斯长期向她求婚，1938年两人才结为伉俪）的催促，米瑟斯决定离开日内瓦，离开欧洲。

在当时纽约蔡斯·曼哈顿银行的高级经济师、米瑟斯的好友本杰明·安德森教授的斡旋和帮助下，米瑟斯夫妇获得了美国的长期移民签证。1940年7月初，他们夫妇二人乘汽车从日内瓦出发，后来，为了躲避正在向前推进的德军，他们同其他一些逃亡者一道，不得不选择危险的秘密小道昼伏夜行，从法国南部辗转前往西班牙，然后从西班牙转道里斯本，最后从里斯本前往纽约。

当他们于1940年8月初抵达美国时，米瑟斯已年近六旬。此时，他已是国际上知名的科学家。他的重要著作《货币理论及货币流通理论》和《公有制经济》已于30年代中期被译成英文发表（英译本的书名分别是《货币和信贷理论》和《社会主义》）。此时，任何一位来自欧洲的三流的马克思主义者或"马克思主义的门徒"都可以不费吹灰之力地在美国找到一个体面的科研位置，而当米瑟斯——这位最伟大的自由主义和资本主义理论家——来到资本主义的美国时，美国的各所大学和知识界却对他表示出一种毫不修饰的、无耻的无情和冷漠。

同许多西欧国家一样，美国从19世纪以来越来越明显地走上了福利国家和干预主义政策的道路。自1913年来，美国实行了历史上前所未有的联邦国家收入所得税，建立了联邦储备金（FED）制度，成立了中央银行以及确定了国家对货币的垄断地位。在20年代，美国经历了一场由联邦银行导演的货币和信贷的规模空前膨胀过程，最后以"大萧条"而告终。1929年，美国的失业率为3%，次年就高达10%以上。为了克服这次危机，在赫伯特·胡佛总统任期内，更多的却是在富兰克林·罗斯福总统任内，美国以法西斯主义的意大利和民族社会主义的德国为榜样，按照正宗的凯恩斯主义理论实行了一系列"新政"，即：取消金本位制（禁止私人拥有黄金），再次扩大货币发行量，扩大信贷规模，由政府控制物价和信贷发行规模，实行关税保护政策，采取充分就业措施，实行平等的收入再分配调整和社会保障政策，提高税收，发行国债，等等。尽管这一系列政策导致了明显的失败——到1933年，美国的失业率已高达25%，直到美国正式参加第二次世界大战时，失业率也从未降低到15%以下——但赋予这些政策以科学合法性的约翰·梅纳德·凯恩斯及凯恩斯主义在科学上的影响和势力达到了无人企及的程度。① 对于那些顺应所谓的时代精神，向当时占统治地位的凯恩斯主义妥协让步并鞠躬致敬的人，例如米瑟斯当年的学生戈特弗里德·冯·哈勃勒尔，弗里茨·马赫鲁普以及奥斯卡·摩根斯坦，所有科学殿堂的大门都敞开着的：哈勃勒尔当上了哈佛大学教授；马赫鲁普先是进入了约翰·霍普金斯大学，后来转入普林斯顿大学；摩根斯坦也进入了普林斯顿大学。相反，像米瑟斯这样一位

---

① 凯恩斯学派的学者们竭力掩盖 T. M. 凯恩斯曾经认为他的学说与民族社会主义经济政策是一致的，并利用他们学术权威赋予纳粹党的经济政策以合法性的这一事实。事实上，凯恩斯在 1936 年年底为他的《就业、利息、货币通论》一书的德文版撰写的导言中明确无误地写道（见该书德文版第 8 页）："19 世纪在英国占统治地位的正统传统从未对德国人的思想产生重大影响。在德国，长期以来就存在着一些重要的经济学派，它们以其充分的理由对那些采用古典的理论来分析当代出现的问题的做法提出了质疑。……因此，当我将一些在关键问题上偏离正统理论的就业和生产理论作为一个整体送呈到你们面前的时候，我也许有理由期待着我本人在德国读者中所遇到的反抗要比英国读者的反抗要少得多。……与在自由竞争的条件下以及不干预主义生产条件下的生产和分配的理论相比较，作为整体的就业和生产理论更容易符合和适应专制国家的国情。"

丝毫不向所谓的"新经济学"作出妥协和让步，并且把凯恩斯主义视为已有上百年历史的通货膨胀的错误理论的新翻版的著名学者，在美国的"一流"大学的眼中，是不可接受的。

此时，米瑟斯跌入了他个人生活的最低点。但是，他的意志力和知识分子的勇气依然顽强旺盛，他并没有被逆境摧垮。当时他住在贫民窟似的最简陋的房子里，依靠自己的积蓄维持生活，并在如此困难的条件下开始撰写自己的回忆录，这本胸怀坦荡、真实感人的回忆录直到他逝世五年之后才得以发表。直到1941年年初，米瑟斯的境况才开始略有改善。通过他过去的学生约翰·范西克尔的介绍，米瑟斯从洛克菲勒基金会得到了一笔微薄的年度奖学金。后来，这个奖学金一直延长发放到1944年年底。由于奖学金的资助，米瑟斯完成了两部著作的写作，即《万能的政府——极权国家的兴起和总体战》和《论官僚主义》。在《万能的政府》这一著作中，他分析和研究了国家主义和国家主义意识形态在德国的崛起过程，揭示了纳粹党的民族社会主义与德国社会民主党的反资本主义主张在结构上具有相似性，他着重强调了民族社会主义现象是德国传统的国家主义的继续。米瑟斯的这一著作是对后来信誉丧尽，但在当时却风靡一时的德国马克思主义者弗兰茨·诺依曼（此时他正担任哥伦比亚大学教授）提出的关于民族社会主义是德国大工业家们为了从社会主义的人民大众手中拯救资本主义的最后一次绝望的尝试的论点所发起的首次抨击。他在此间撰写的《论官僚主义》一书中，系统地分析了私有制经济的官僚主义——即以赢利为目的的，同时又受到亏损威胁的企业官僚主义的经营管理——与国家官僚主义——即依靠税收提供财政来源而进行的生产或劳务的管理——这两者之间的区别。

在同一时期内，由于纽约《时代》杂志负责经济政策的专栏"社论主笔"、美国著名的经济新闻记者亨利·黑兹利特的推荐，米瑟斯在《时代》杂志上发表了一系列有关世界经济问题的论文。① 这些论文引起了美国制造商协会的重视。应该协会的邀请，米瑟斯成为协会行动准则委员会的成员。他从1943年至1954年在该协会持续十一年的活动中结识了许多信奉市场经济的著名企业家。1945年，米瑟斯应邀到纽约大学（NYU）担任临时客座教授，从此，他又开始了他的教学生涯。从1949年起，到以87岁高龄、作为全美国年资最高、学术活动最为活跃的教授退休为止，他终于从一位临时客座教授变成了拥有终生的、全位置的客座教授。令人感到极为惊讶的是，在这么漫长的岁月里，米瑟斯的薪水并不是由他执教的大学，而是由一家私人基金会——威利安·福尔克基金会支付。尽管如此，或许恰恰因此，纽约大学始终把米瑟斯视为一位二流教授。

七

1949年，米瑟斯发表了厚达上千页的长篇巨著《人类行为》。在这部科学巨著问世之际，亨利·黑兹利特在为《新闻周刊》撰写的一篇评论中写道："简而言之，《人类行为》是一部有史以来最不妥协、最旗帜鲜明的捍卫资本主义的著作。如果有一本书能够阻止国家社会主义、社会主义和专制主义在过去的年代里造成的意识形态泛滥成灾的状况的话，那么，《人类行为》就是一本这样的书。"该著的前身是米瑟斯著写的《国民经济学》，由于时间的推移，《国民经济学》这部著作已经从德文的书市上完全消失，原书亦绝版，那位出版此书的瑞士出版商在印行了这部著作之后不久，就因战乱而破产。《人类行为》是一部

---

① 亨利·黑兹利特在经济理论、政治问题和哲学问题等方面的著述上颇丰，他的最著名、最有影响的著作《经济学一课》（*Economics in One Lesson*）被译成十多种文字（其中包括德语），至今仍是一本热门的畅销书。

黑兹利特曾为米瑟斯的《公有制经济》一书的英译文撰写了书评，因此，他也成为一位米瑟斯的崇拜者和最亲密的私人朋友。

难度极大的纯理论著作，它的问世无疑是出版业的一个巨大成就。尽管这部著作遭到了在美国各名牌大学中占统治地位的那些信奉社会主义和凯恩斯主义知识分子的激烈攻击和无情批判，如约翰·肯尼思·加尔布雷思就是其中的代表人物之一，但所有的这一切都无法阻止《人类行为》不断地——至今仍然如此——赢得越来越多的读者，其发行量历经40年而不衰，出版商除了印行了精装本外，还增印了简装本。

更重要的是，米瑟斯清楚地认识到，美国的科学精英层同欧洲的知识界一样，他们中间的大部分人具有浓厚的反资本主义倾向，他们从政府的税收中获得资助和津贴。因此，他们无一例外地都是国家主义者。要想改变这种表面上看来无法阻挡的国家主义倾向，唯一的办法是直接地、不经任何中介或过滤地向广大读者全面地阐明这一事实。《人类行为》以其清晰明快的语言、系统的构思以及米瑟斯特有的对人类行为学中的公理演绎法的运用，逐步深入的逻辑论证，圆满地实现了这一目标。《人类行为》的读者范围以及因这部著作的影响而变成米瑟斯主义者的人们，从当年到如今，包括了所有社会阶层和处在各种不同生活环境中的人：学者、大学生、企业家、牧师、记者、律师、医生、工程师和家庭妇女。后来，这部著作被译成意大利文、法文、西班牙文、中文和日文。米瑟斯和他的《人类行为》这一著作的影响范围从一国扩展到全世界，从而形成了一场以"奥地利学派"和"奥地利经济学派"为代表的国际性的知识分子运动。

《人类行为》一书的出版所取得的巨大成就导致了《社会主义》和《货币和信贷理论》这两部著作在50年代的再版和发行量的扩大。1957年，米瑟斯又发表了另一部著作《理论与历史学——关于社会和经济发展的解释》。这是继《人类行为》之后他最钟爱的一部著作。在该著作中，米瑟斯再次深入全面地阐述了经济学、经济法则与历史学、社会学和心理学及其对世界的解释这两类学科之间的关系。他把经济学和经济法则视为一门演绎科学，一种先验的、真实的陈述以及一种不容置疑的预言。把历史学、社会学和心理学及其对世界的解释称为一些建立在对行为意义（Handlungssinn）的"理解"（这个理解是W.迪尔泰斯和M.韦伯定义的理解）基础上的，始终"只有"非先验性的真实陈述，并且不断提出"单纯的"推测性预言的学科。米瑟斯在此书中阐述的观点使马克思主义和历史主义受到了系统性的，甚至是毁灭性的批判。60年代初，米瑟斯的《自由主义》和《国民经济学的基本问题》这两部著作的英译本在美国发表。1962年，年逾八旬的米瑟斯又发表了他的新著《经济学的根本基础》，从而在哲学领域内完成了他对实证主义以及波普尔理论的最后一次清算。

米瑟斯在撰写以上著作的同时，还非常活跃地从事教学工作，应邀作专题讲座、报告，等等。1948年年底，他再次发扬了他在维也纳举办私人研讨会的传统，开始在纽约大学每周举办一次"经济理论研讨会"。从此，他二十多年坚持不懈地举办这个研讨会，直到1969年才因年迈体弱而停止这项学术交流活动。"经济理论研讨会"的参加者既有正式大学生，也有非正式的听众。居住在纽约附近的一些米瑟斯的崇拜者，如青少年和退休老人，企业家和家庭主妇，新闻记者和法律学家，成果卓著的学者或即将成名的学者都纷纷与会，济济一堂。与维也纳时期相同的是，后来从纽约研讨会的圈子也涌现出了一系列重要的科学家。其中有如今在纽约大学担任经济学教授的伊斯雷尔·柯兹纳；如今在内华达大学当经济学教授的大名鼎鼎的默里·N.罗斯巴德；有"奥地利学派"的领袖人物、米瑟斯的继承人拉斯·维加斯。当年以中学生的身份闯进米瑟斯的研讨会、后来在芝加哥大学的弗里德里希·A.哈耶克教授指导下取得博士学位、如今已是历史学家的拉尔夫·雷科教授是如此描述米瑟斯的魅力的："米瑟斯具有博大精深的学术造诣……他阐述的问题像笛卡尔的学说一样清晰明了（他以深入浅出的语言，简单明了的例子来说明复杂的学术问题，只有真正的大师才能如此驾轻就熟）；他的每一个手势，每一个目光都充满了对理智的崇敬；他以礼貌、友好和理解的态度平等地对待每一个人，即使对初学者也依然如此；他的演讲充满了知识和睿智，幽默风趣，人们说，米瑟斯是一名在大都市中成长起来的学者，既像柏林人，又像巴黎人或纽约人，但更具有维也纳人的那种温文尔雅的特点。这一切都使我有理由说：我在我的青少年时代就结识了伟大的米瑟斯，他为我的一生树立了一个精神典范，告诉我怎样才能成为一名完美的知识分子。这样的典范在其他一些学者中间是永远无法找到的。与芝加哥、普林斯顿或哈佛等大学的那些才智一般的教授们相比，米瑟斯的水平无人能够超越（当然，用米瑟斯的标准来衡量这些教授似乎并不公平，因为他们与米瑟斯是两种截然不同类型的人）。"[①]

1947年，弗里德里希·A.哈耶克和W.罗普克发起成立了由一批主张实行市场经济的经济学家和社会学家组成的国际性的学术组织——蒙·佩尔兰协会。米瑟斯也是该会的创始人之一。直至60年代，他定期参加协会在世界各地举行的年会。他满意地看到参加这一协会的学生和朋友中的一部分人走上了战后欧洲各国的最高领导岗位，其中，路德维希·艾哈德担任德国经济部长；阿尔弗雷德·米勒—阿尔马克和W.罗普克任艾哈德的顾问，路易基·艾纳乌迪成为意大利共和国的第一任总统；雅克·吕埃夫担任法国总统戴高乐的经济顾问。但是，随着时间的推移，"芝加哥学派"在蒙·佩尔兰协会里的影响越来越大，协会不断地向国家主义路线靠拢，并且越来越明显地暴露出知识分子乐于妥协的弱点，这一切，使米瑟斯的失望感与日俱增。例如，

---

① R.雷柯：《路德维希·冯·米瑟斯的遗产》，载《自由评论》，1981年9月。(The Legacy of Ludwig von Mises, *The Liberarian Review*, September 1981.)

米尔顿·弗里德曼就是对国家实行货币垄断以及发行不能兑现的纸币等政策的狂热捍卫者,他主张由国家规定最低工资标准,实行低收入补助,无保留地赞成福利国家的基本原则;他还竭力主张实行累进收入所得税税制,并以此作为调整收入的平均再分配的工具。① 米瑟斯对弗里德曼以及芝加哥学派进行了极为猛烈的批判,他甚至当着众人之面毫无惧色地将他们斥为一群社会主义的信徒。②

---

① 参见 M. 弗里德曼《保证经济稳定的金融和财政机构》,载《美国经济评论》,1948 年 6 月。(A Monetary and Fiscal Framework for Economic Stability, *American Economic Review*, June1948.)

　　在第二次世界大战中,弗里德曼在美国财政部工作,主管制定和实施企业主的自动预扣税(Withholding tax),因而对美国政府税收来源的迅速增加作出了显著贡献。

② 这也是奥地利学派与芝加哥学派尖锐对立的一种具体表现。另一个明显的例子是当弗里德里希·A. 哈耶克于 1950 年年初从英国移居美国之后,芝加哥大学经济系(当时弗里德曼也在该校任教)拒绝了他在该系谋求教职的请求。因此,哈耶克只得在该校的"社会思想委员会"担任社会学和道德伦理学教授。他的薪水也不由芝加哥大学支付,而是同米瑟斯一样,由威利安·福尔克基金会支付。

　　米瑟斯直到他逝世之前一直与哈耶克保持着亲密无间的关系,而且深为他自己的得意门生和助教的成就而感到骄傲与自豪。尽管如此,这种良好的师生关系也曾一度被蒙上阴影,因为哈耶克在伦敦经济学院任教期间深受该学院的同事们以及米瑟斯当年在维也纳的朋友卡尔·波普尔的错误学说和方法论的影响,这种影响也反映在哈耶克后来从事的政治哲学的科研工作之中,集中体现在他撰写的《自由宪章》(*Verfassung der Freiheit*)一书中。哈耶克同弗里德曼一样,认为福利国家与自由这两者之间是可以并行不悖、相互统一的。关于米瑟斯与哈耶克之间的区别请参阅 J. 沙雷尔诺《作为社会理性主义者的路德维希·冯·米瑟斯》(J. Salerno: Ludwig von Mises as Social Rationalist, *Review of Austrian Economics*. Vol. 4,1990);J. 海伯勒尔《路德维希·冯·米瑟斯与奥地利经济学派》(J. Herbener: Ludwig von Mises and the Austrian School of Economics, *Review of Austrian Economics*, Vol. 5,2, 1991);M. N. 罗斯巴德《奥地利经济学派的现状》(M. N. Rothbard: The Present State of Austrian Economics, *Working Paper*, Auburn, Al: Ludwig von Mises Institute, 1992);以及 H. H. 赫柏《哈耶克论政府和社会进步》(H. H. Hoppe: F. A. Hayek on Government and Social Evolution. A Critique, *Review of Austrian Economics*, Vol. 7,2,1993)。

1946年，一些私人捐助者为了传播自由市场经济的思想，集资并赞助成立了经济学教育基金会，米瑟斯也是这个基金会的成员之一。基金会会址设在哈德逊河畔的一个名叫欧文顿的乡村中，离米瑟斯在曼哈顿的住宅只有近一小时的汽车里程。他定期到基金会为大学生、学者，以及来自各行各业的经济学爱好者授课、作报告、举办研讨会，他坚持不懈地举行上述活动，历时长达二十年之久。此外，由于他与美国制造商协会的密切联系及与威利安·福尔克基金会之间的关系，请他到美国各地的基金会、协会、各种团体以及各大学作报告的邀请信如雪片般飞来。随着这些频繁的邀请和米瑟斯的杰出演讲，他的声望与日俱增，其演讲和报告的旅程从全美国的范围扩展到欧洲、中美洲和南美洲各地。

由于多年来患有重听耳疾，1969年，米瑟斯终于告别了他的大学讲坛。在他生命的最后两年里，他的体力明显不支。1973年10月10日，结束了在瑞士阿尔卑斯山的度假旅行刚刚返回美国不久的路德维希·冯·米瑟斯在纽约与世长辞，享年92岁。

八

同他在奥地利的经历一样，在他的第二故乡——美国，米瑟斯最终也没有从根本上成功地改变政治发展的方向。第二次世界大战后，美国的社会向福利国家方向的转变进程一如既往地向前发展。这一进程在民主党执政期间发展较快，在共和党执政期间发展较慢。但无论是哪一个政党执政，其发展方向总是相同的。与当年在奥地利（包括德国在内）的情况不同的是，米瑟斯成功地使"奥地利经济学派"在美国的大地上扎下根来。该学派的成员不单由科学家组成，而且还包括许多并非从事科研工作的普通群众。在各种流行的学术模式的兴盛与衰败的不断更替之中，奥地利经济学派不但生存下来，而且始终昂首挺立，成为思想运动中的一面旗帜。在他逝世的时候，无论是他的敌人还是朋友，都一致公认路德维希·冯·米瑟斯——这位奥地利人——是彻底的反对国家主义，主张意志自由和保守主义运动及文化运动的杰出的知识领袖。① 这场反对国家主义、主张意志自由和保守主义的思想运动及文化运动最初发轫于反对罗斯福的"新政"，主张维护美国的自由传统，即"古典的保守主义"（Old Right）。② 它使许多美国人紧密地团结在一起，而米瑟斯是他们公认的领袖。

米瑟斯逝世之后，这场曾经由他领导的运动经历了多次波折。同其他大部分西欧国家一样，从70年代开始，在美国的经济生活中首次出现了滞胀现象——即经济萧条与通货膨胀同时并存的现象（而以往通常是通货膨胀之后紧随而至的是紧缩信贷，因此导致萧条）。按照凯恩斯的理论，这种现象是"不可能"出现的。凯恩斯认为，通货膨胀恰恰是摆脱萧条的手段！因此，到那时为止，几乎在所有美国一流大学中具有至高无上统治地位的凯恩斯主义的理论基础从根本上动摇了，而且至今仍未从这一危机中恢复过来。1974年，在米瑟斯逝世一周年后，哈耶克因在发展米瑟斯—哈耶克经济周期理论方面所作出的杰出贡献而获诺贝尔经济学奖，他是第一位获此殊荣的非凯恩斯主义经济学家。米瑟斯的逝世以及哈耶克获诺贝尔奖这两个事件引起了人们对"奥地利经济学派"的更大兴趣。学术界重新开始尊重并研究在凯恩斯主义鼎盛时期他们曾经置之不理或曾经遗忘的"奥地利经

---

① 在美国"自由"（Liberal）一词的含义与欧洲的"社会民主主义"（Sozialdemokratisch）一词的含义相同。因此，米瑟斯等古典自由主义理论家选用了"意志自由"（Libertarian）这一表达方式，以示他们与社会民主主义者之间的区别。

② 20年代至30年代，美国的"古典保守主义"（Old Right）最有影响的代表人物是一些新闻记者和作家，例如亨利·L. 门肯、艾伯特·杰伊·诺克、罗莎·怀尔德·莱恩和加雷特·加勒特等人。

济学派"。许多基金会明确表示它们愿意承担有关资助项目。有关"奥地利学派"的大型研讨会不断举行,这方面的著作成堆成捆地发表。米瑟斯当年的一些学生,后来改换门庭投靠凯恩斯学派的知名人士,如弗利茨·马赫鲁普和戈特弗里德·冯·哈勃勒尔再次易帜,宣布他们是"奥地利学派的学者或传人"。

70年代末,尤其是里根总统的任期开始以来,人们对奥地利学派的兴趣再次下降。其间,"芝加哥学派"取代了凯恩斯学派的地位,成为在学术界占主导地位的学派。为了在里根政府内谋得一官半职,一些原来的奥地利学派的学者以及从该学派得到好处的人开始同米瑟斯的思想体系、同奥地利学派的人类行为学的科学方法论分道扬镳:哈耶克——这位"适度的、有节制的福利国家论"的拥护者——认为,波普尔的学说以及反理性主义是可以接受的,米瑟斯"太极端","太武断","太理性主义了",必须将他作为"反动分子"从运动中开除出去。[1]

自80年代以来,为了回击这种卖身求荣的行为,米瑟斯多年的学生默里·N.罗斯巴德领导了一场思想抵抗运动。早在米瑟斯仍健在的1962年,罗斯巴德就发表了《人、经济和国家》一书,这部著作奠定了他作为米瑟斯精神遗产的继承人的地位。米瑟斯为这部内容丰富、全面的著作撰写了书评,并且给予最高的评价。此后,罗斯巴德又发表了许多具有深远影响的著作[2]和数不

---

[1] 哈耶克有意或无意地助长了这种趋势,在米瑟斯去世之前以及哈耶克获诺贝尔奖之前,他一直毫无保留地将米瑟斯称为"大师"。嗣后,他在为米瑟斯的《回忆录》(1978年出版)以及《社会主义》(1981年出版)撰写引言时,一方面对米瑟斯大加赞扬,另一方面却在这些赞扬的包装之下不断地抨击、指责他"过分的理性主义""武断和不容争辩""先验论",等等。

[2] 例如:《美国的大萧条》(*America's Great Depression*, 1963);《权力与市场》(*Power and Market*, 1970);《为了新的自由》(*For A New Liberty*, 1973);《自由的伦理观》(*The Ethics of Liberty*, 1982)等。

胜数的学术论文，因此，在学术能力和学术实力方面奠定了他本人同他极为尊敬的米瑟斯之间不相仲伯的地位。在罗斯巴德的帮助下，米瑟斯的崇拜者、新闻记者卢埃林·H.罗克韦尔于1982年在亚拉巴马的奥本大学建立了一所路德维希·冯·米瑟斯研究所，该所的全部建所费用和活动经费均由私人捐助。研究所通过它的一系列活动，如举办大型学术研讨会、教学研讨会、资助奖学金生、出版书籍、发行学术杂志和通俗刊物等，为人们创造了学习和倾听自由社会思想的场所和机会。研究所再次出版了米瑟斯在几十年前发表的著作《自由主义》。在这部任何时候都具有现实意义的不朽著作中，米瑟斯明确无误、言简意赅地指出：私有制以及建立在劳动分工基础之上的互利互惠的商品交换是人类的道德伦理和经济繁荣以及人类幸福的基础；政府的唯一职能是保护私有财产、私人产权以及实行与此密不可分的市场经济，政府既不能干预和"纠正"市场上自然形成的人们的收入分配关系和财产分配关系，也不能干预和"纠正"国民教育以及教育事业，政府不应当拥有不受任何制约的权力，随时并任意地去以大欺小、以强凌弱；必须贯彻实行自由贸易的主张，在国际范围内实行金本位制。

上述工作取得了显著成效。如今，由米瑟斯发起的自由主义思想运动比以往任何时候更加深入普及、更富有影响力。米瑟斯的全部著作目前都在重新印刷和出版过程中，他的新著《论文集》也将问世。许多米瑟斯主义者目前正在美国的众多大学执教，很多经济学家都把奥地利学派作为自己的研究范围和研究方向。大学生们对以米瑟斯为代表的奥地利经济学派的学习兴趣也在持续、快速地增长。奥地利学派—米瑟斯主义的影响与日俱增。如今，它在美国的公众舆论以及国家的政治生活中已形成了一种明显的、不可忽视的知识力量。米瑟斯早就准确预言的社会主义的不可行性，由于社会主义在东欧的迅速、急剧的虚脱而得到证实，这一点，更增加了奥地利学派—米瑟斯主义在国际上的影响。

在20世纪末行将到来的今天，尽管米瑟斯预测的美国和西欧福利国家的危机征兆越来越明显尖锐，但是，他的思想还远远没有获得全面的胜利。正如他为1962年在美国出版的《自由主义》一书撰写的前言中所指出的那样："当我在35年前试图将以自由主义的思想和原则闻名于世的社会哲学作一个归纳和总结的时候，我并没有奢望我的这些论著将能阻止由于欧洲各国公开奉行的政策所导致的迫在眉睫的危险和灾难。我仅仅是想借此为那些正在思索的少数人提供一个学习古典自由主义的目标及其作用的机会，以便使人们在经历了这场即将到来的灾难和崩溃之后，为重新树立自由的精神铺通一条道路。"

参考书目

路德维希·冯·米瑟斯著：

Theorie des Geldes und Umlaufsmittel，München，1912（2. Auflage 1924）；englisch：Theory of Money and Credit，1981（engl. Erstveröffentlichung 1934）.

《货币理论及货币流通理论》，慕尼黑，1912年第一版，1924年再版，1934年发行英文第一版，英译本书名为《货币和信贷理论》，1981年再次印行。

Nation, Staat und Wirtschaft：Beiträge zur Politik und Geschichte der Zeit，Wien，1919；englisch：Nation, State and Economy，New York，1983.

《民族，国家与经济》，维也纳，1919年版，英译本于1983年出版。

Die Gemeinwirtschaft: *Untersuchung über den Sozialismus*, Jena, 1922 (2. Auflage 1932; Neuauflage im Philosophia Verlag, München); englisch: Socialism: An Economic and Socidogical Analysis, Indianapolis, 1981 (engl. Erstveröffentlichung 1936).

《公有制经济——对社会主义的考察》，耶拿，1922 年版，1932 年由慕尼黑哲学出版社重新印行，英译本于 1936 年第一次发行，1981 年再版。

Geldwertstabilisierung und Konjunkturpolitik, Jena, 1928.

《货币价值的稳定与周期政策》，耶拿，1928 年版。

Kritik des Interventionismus: *Untersuchung Zur Wirtschaftspolitik und Wirtschaftsideologie der Gegenwart*, Jena, 1929.

《对干预主义的批判——当代经济政策和经济思想的考察》，耶拿，1929 年版（正在印行新版）。

Grundprobleme der Nationalökonomie: *Unterschungen über Verfahren, Aufgaben und Inhalte der Wirtschafts und Gesellschaftslehre*, Jena, 1933; englisch: Epistemological Problems of Economics, New York, 1981 (engl. Erstveröffentlichung 1960).

《国民经济学的基本问题——关于经济学和社会学的方法、任务和内容的研究》，耶拿，1933 年版，英译本题名为《经济学问题的认识论》，1960 年英译本首次出版，1981 年再版。

Nationalökonomie: *Theorie des Handelns und Wirtschaftens*, Genf, 1940.

《国民经济学——关于行为和经济的理论》，日内瓦，1940

年版（新版正在印行过程中）。

Omnipotent Government: *The Rise of the Total State and Total War*, New Haven, 1944（Neuauflage 1985）.
《万能的政府——极权国家的崛起和总体战》，纽黑文，1944年版（1985年再版发行）。

Bureaucracy, New Haven, 1944（Neuauflage 1983）.
《论官僚主义》，纽黑文，1944年版（1983年再版发行）。

Human Action: *A Treatise on Economics*, New Haven, 1949（3. revidierte Auflage 1966 Bei Henry Regnery, Chicago）.
《人类行为——论经济学》，纽黑文，1949年版，1966年在芝加哥发行第三个修订本。

Planning for Freedom, South Holland, 1952（Neuauflage, 1980）.
《自由的计划》，南荷兰，1952年版，1980年再版发行。

The Anti—Capitalist Mentality, Princeton, 1956, deutsch: *Die Wurzeln des Anti—Kapitalismus*, Frankfurt/m, 1958）.
《论反资本主义的心理》，普林斯顿，1956年出版；德文书名《论反资本主义的根源》，法兰克福，1958年出版。

Theory and History: *An Interpretation of Social and Economic Evolution*, New Haven, 1957（Neuauflage 1985）.
《理论与历史——关于社会和经济演变的解释》，纽黑文，1957年版，1985年再版。

The Ultimate Foundation of Economic Science: *An Essay on Method*, Princeton, 1962 (Neuauflage 1976).

《经济学的根本基础》,普林斯顿,1962年版(1976年再版)。

On the Manipulation of Money and Credit, N. Y.: 1978.

《关于货币和信贷的操纵与控制》,纽约,1978年版。

Economic Freedom and Intervention: *Anthology of Articles and Essays by Ludwig von Mises*, Irvington—on—Hudson, 1990.

《经济自由与干预》,路德维希·冯·米瑟斯的文章和论文选集,欧文顿,1990年版。

Money, Method, and the Market Process: *Essays by Ludwig von Mises*, Boston; 1990.

《货币、方法与市场过程》,米瑟斯论文集,波士顿,1990年版。

其他文献和传记:

L. v. Mises, *Erinnerung*, Stuttgart, 1978.

路德维希·冯·米瑟斯:《回忆录》,斯图加特,1978年版。

D. Gordon, *Ludwig von Mises*: *An Annotated Bibliography*, Alabama, 1988.

D. 戈登:《路德维希·冯·米瑟斯——文献的注释》,亚拉巴马,1988年版。

B. Bien – Greaves, Mises. *An Annotated Bibliography—A Comprehensive Listing of Books and Articles by and about Ludwig yon Mises*, Irvington – on – Hudson, 1991.

B. 比因：《关于米瑟斯的书籍和论文的文献总索引》，欧文顿，1991 年版。

L. v. Mises, *The Historical Setting of the Austrian School of Economics*, New Rochelle, 1969.

路德维希·冯·米瑟斯：《奥地利经济学派的历史背景》，新罗谢尔，1969 年版。

M. v. Mises, *My Years with Ludwig von Mises*, Iowa, 1984.

马尔吉特·冯·米瑟斯：《我与路德维希·冯·米瑟斯的共同岁月》，艾奥瓦，1984 年版。

M. N. Rothbard, *The Essential Ludwig von Mises*, Alabama, 1983.

M. N. 罗斯巴德：《米瑟斯的特点》，亚拉巴马，1983 年版。

M. H. Rothbard, *Ludwig von Mises：Scholar, Creator, Hero*, Alabama, 1988.

M. N. 罗斯巴德：《路德维希·冯·米瑟斯——学者、伟人和英雄》，亚拉巴马，1988 年版。

评论集：

E. Dolan, Hrsg., *The Foundation of Modern Austrian Economics*, Kansas City, 1976.

E. 多兰：《现代奥地利经济学派的基础》，堪萨斯城，1976

年出版。

L. Spadaro, Hrsg., *New Directions in Austrian Economics*, Kansas City, 1978.
L. 斯帕达罗：《奥地利经济学派的新动向》，堪萨斯城，1978年版。

L. Moss, Hrsg., *The Economics of Ludwig von Mises: Toward a Critical Reappraisal*, Kansas City, 1976.
L. 莫斯：《对米瑟斯经济学理论的批判性再评价》，堪萨斯城，1976年版。

J. Herbener, Hrsg., *The Meaning of Ludwig von Mises, Contributions in Economics, Sociology, Epistemology, and Political Philosophy*, Boston, 1993.
J. 海尔伯勒：《米瑟斯的意义及他对经济学、社会学、认识论和政治哲学的贡献》，波士顿，1993年版。

支持米瑟斯理论的有关杂志、期刊：
Review of Austrian Economics, Kluwer Academic Publishers.
《奥地利经济学派评论》，自1986年以来每半年出刊一期。

Journal of Libertarian Studies, Center for Libertarian Studies (Seit 1977: halbjährlich).
《自由研究杂志》，自1977年以来每半年出刊一期。

Austrian Economics Newsletter, Ludwig von Mises Institute (Seit 1977; Vierteljährlich).

《奥地利经济学派通讯》，自 1977 年以来每季度出刊一期，米瑟斯研究所期刊。

Free Market, *Ludwig von Mises Institute* (Seit 1983; Monatlich).

《自由市场》，米瑟斯研究所月刊。

有关研究机构及通信地址：

路德维希·冯·米瑟斯研究所：

The Ludwig von Mises Institute, Auburn University, Auburn, Alabama 36849.

自由主义研究中心：

Center for Libertarian Studies, P. O. Box. 4091, Burlingame, Calif 94011.

序　言

一　自由主义

　　18世纪和19世纪初的哲学家、社会学家和国民经济学家们制定了一个政治纲领，这个政治纲领首先在英国和美国，然后在欧洲大陆，最后在人们居住的世界上的其他地区或多或少地成为实际政策的准绳。但是，它在任何地方任何时候都没有被全部贯彻实行过。甚至在人们视为自由主义的故乡和自由主义的模范国家英国，也没有成功地贯彻自由主义的全部主张。从整体上看，世界上有些地区的人们只采纳了自由纲领的某些部分；在其他一些国家或地区，人们不是一开始就拒绝它，或者至少在短时间内就否定它。本来，人们可以以夸张的口吻说：世界上曾经拥有一个自由主义的时代，但事实上，自由主义从来没有能够发挥它的全部作用。

　　然而，自由主义思想短暂而有限的统治足以改变地球的面貌。一个大规模的经济发展已经开始。人类生产力被解放，生活必需品的生产量成倍增长。在世界大战的前夜——这场世界大战本身是多年来激烈反对自由主义精神的产物，它在一段时期内导致了更加剧烈的反对自由主义原则的斗争，世界上的居民人口空前密集，每个居民都可以比过去几个世纪生活得更好。自由主义创造的富裕，大大地降低了过去的世纪里肆虐无情的儿童死亡率，而且通过改善生活条件，延长了人的平均寿命。这种富裕不仅仅流向一个有选择的狭窄的社会阶层，在世界大战的前夜，欧洲工业国家，美利坚合众国和英国海外领地工人的生活比不久以前的贵族的生活还要美好。他可以根据自己的喜好选择饮食，可以给他的孩子以更好的教育，如果他愿意的话，也可以参与民族的精神生活，而且他也可以毫无困难地晋升到更高的社会阶层，如果他具有足够的天赋和能力的话。在自由主义思想深入人心，自由主义得到长足发展的国家里，人们不是凭借财富和高贵的家庭出身出人头地，而是靠自身的力量，靠自己的天赋和才干以及有利的环境等因素脱颖而出，这些人在社会金字塔的顶层中占大多数。旧时代奴仆之间的樊篱被废除了，人人都是平等的公民。任何人都不会因为他们民族属性，因为他们思想和信仰受到歧视或者甚至受到迫害。人们在内心深处停止了政治和宗教的迫害，从外表上看，战争也变得越来越少。乐观主义者甚至认为，永久和平的时代已经开始了。

然而，事与愿违。在19世纪里，自由主义的敌人变得越来越强大，他们使得自由主义的成就中的一大部分重新化为乌有。今天的世界不再想了解自由主义。在英格兰以外的地方，"自由主义"的名称简直受到蔑视；虽然在英格兰仍然还有"自由主义者"，但是，其中的大部分只是名义上如此，实际上他们只是温和的社会主义者。如今，政府的权力到处都掌握在反自由主义的政党手中。反自由主义的纲领策动了世界大战，导致各民族国家采取禁止进出口、建关设卡、禁止移居自由以及相类似的措施互相封锁。它把国家变成社会主义的试验场，其结果是降低了劳动生产率并由此产生了贫困。如果谁不愿意蒙上自己的双眼，他必然会看出世界经济近在咫尺的灾难征兆。反自由主义的行为正在导致文明的普遍崩溃。

如果人们想了解究竟什么是自由主义？自由主义追求的是什

么？就不能简单地回顾历史以找寻它的来历并据此研究自由主义政治家曾经追求并实践了什么。因为，自由主义在任何地方都没有成功地贯彻实行过它所要实现的纲领。

如今，那些自称为自由主义的政党，它们的纲领和行为也不能给予我们关于真正的自由主义的启示。正如我们已经提及的那样，即使在英格兰，人们所理解的自由主义更多的只是与托利主义和社会主义相类似的概念，而不是自由主义的原有纲领。如果还存在着一些自认为与自由主义一致的自由主义者，即使他们赞同将铁路、矿山和其他企业国有化，甚至赞同关税保护，但事实上，人们也会毫不费力地看出：这些自由主义者只是徒有虚名而已。

同样，从自由主义的伟大奠基者的文献里学习和研究自由主义，在今天也是远远不够的。自由主义并不是一种已经完成的学说，它也不是僵化的教条。相反，它首先是人们社会生活的科学的应用。正如自大卫·赫穆斯、亚当·斯密、大卫·李嘉图、杰米·本托斯和威廉·洪堡以来的国民经济学、社会学和哲学并没有停滞不前一样，自由主义的学说，尽管它的基本思想并没有任何改变，今天它与创始人所处的时代也不相同了。多年来还没有人对自由主义学说的意义和本质进行总结性的表述。本书对自由主义的论证和辩护，只是其中的一种探讨。

二　物质福利

自由主义是一种真正研究人类行为的学说，其着眼点和最终目的是促进人们外在的物质福利，而不是直接满足人们内在的、精神上的以及形而上学的需求。它并不向人们许诺幸福和满足，而是尽一切可能将外部世界所能提供的物质用来满足人们的诸多需求。

自由主义的这种面向尘世、不求永恒、纯粹追求外在的和唯物主义的观点很容易使它成为多方面指责的对象。人们认为，人的生活并不完全是为了吃喝，还有比吃、喝、住、穿更高级、更重要的需求。如果人的内心世界、人的灵魂空虚而得不到满足，那么即使他拥有人类所有财富也不会成为幸福的拥有者。他们认为：自由主义最严重的错误就是不懂得，也没有为人们更深层次的、更宝贵的追求提供任何东西。

然而，自由主义的批判者的这些言论恰恰说明他们的这种所谓更高级、更宝贵的追求只是一种非常不完整、非常物质主义的想象。借助于政治上人为手段无疑可以使某些人变得富有或贫穷，但它永远不能使人感到幸福，永远不能满足他们最内在、最深层次的追求和渴望。在这一方面，一切来自外部的辅助手段都失去了其功效。政治手段仅能消除痛苦和不幸的外在原因；它可以促使人们建立一个人人有饭吃、人人有衣穿、人人有房住的社会制度。但是，人的幸福和满足并不取决于食品、衣物和住房，而主要取决于人们内心的追求与渴望。自由主义并不是因为低估了精神需求、精神财富的重要性才将其目光仅盯在物质福利方面，而是由于它坚信，任何外在的调节都不可能触及人们的最高或最深层次的追求。自由主义仅仅是试图为人们创造一个外在的富裕条件，因为它知道，人们内在的、心灵的富足感不可能来自外部世界，而仅仅只能来自他们自己的内心。自由主义除了为人们的内心生活发展创造一个外部的前提条件之外，别无它求。毋庸置疑，20世纪过着相对富裕生活的公民与10世纪的公民相比，前者更容易满足其心灵的需求，而后者却受着朝不保夕的生存条件困扰，面对敌人威胁的危险而不得安宁。

当然，如果谁同一些亚洲的和一些中世纪基督教的派别一样，完全站在地地道道的禁欲主义立场上，将林中之鸟以及水中之鱼的无所需求和贫穷当作人们行为的理想模式，并以此来指责自由主义的物质主义观点，那么，我们自然对他无所反驳。我们只能请求他不要打扰并允许我们走我们的路，就像我们也不阻碍他按照他的方式将来在天国永生一样。祝愿他在他的隐士庵中与世界和人类安详地隔离开来。

绝大多数当代人根本不赞成禁欲主义的理想。那些拒绝禁欲主义生活方式及其信条的人，也不应当对自由主义对外在物质福利的追求加以指责。

三　理性主义

人们常常习惯指责自由主义是理性主义。自由主义企图理智地调整和处理一切事物，因而无视人的感觉在人们的社会存在中是违背理性的，即人们的不理智的行为很多，而且会越来越多这一事实。

其实，自由主义完全没有忽视人也有不理智的行为，否则，自由主义就不会一再告诫人们要将理智作为自己的行为准则。自由主义并没有说过人们的行为总是聪明无误的，它一再告诉人们，为了他们的切身利益，必须坚持不懈地用聪明的方式行事。自由主义的性质恰恰是要使理智在政治中、生活中大行其道，让人们的行为在各个方面都变得更加理智，对于这一点，人们是没有争议的。

假如某人对一位向他提出理智的生活方式，即健康生活方式建议的医生回答说："我知道您的建议是理智的，但我的感觉却阻止我采纳和遵循您的建议，尽管这样不太明智，但我还是要做那些有损于我本人健康的事。"在这种情况下，不会有任何人赞同他的做法。无论我们在生活中制订了一个什么目标，为了实现它，我们都会采用理智的方式。谁都不会选择一列火车恰恰要开来的时候跨越一根铁轨。缝纽扣的人都不愿意把针扎到自己的手指头里去。人们在从事的每项工作中都必须总结出一种诀窍——技术。这些技术告诉人们该怎么去做，假如你不想不理智地干活的话。人们普遍承认，人类能够很好地学习和掌握生活中必需的技术。如果某人着手干一项他没有掌握技术的工作，就会被人责骂为工作拙劣，笨手笨脚。

有人认为，政治是个例外，搞政治不能靠理智，而是要靠感觉和冲动。对于应该怎样才能较好地安装照明设施的问题，人们通常都谈得相当有理智，但是，一旦讨论到究竟由谁来安装照明设施？是私人出资还是市政当局出资这一问题的焦点时，人们却都不愿意让他们的理智持久一些。这时，感觉、世界观，或简而言之，不理智就开始起决定性作用了。我们不禁要问：这究竟是为什么？

按照一个尽可能适用的模式来建立人类社会的机构和组织，是一件平淡无奇的事情，就好比如何修建一条铁路或如何生产布匹、家具一样。虽然国家和政府的事情比人类的其他活动更重要一些，这主要是因为社会制度是一切其他事物的基础，只有在完善社会里才能保证每个人的正常活动，但是，无论这个制度建设得多么高明，多么美好，它毕竟还是人的作品，因此，它也只能按照人们理智的准则加以评判。正如我们行为的其他方面一样，把政治神秘化只会给人们带来祸害。我们的理解能力是非常有限的，我们不可能奢望人们能够揭开最终的、最深层次的世界秘密。尽管我们可能永远不能弄清人们存在的意义和目的这个问题，但这也不能阻止我们采取措施来避免传染性疾病，同时妥当地安排好我们的衣食，更阻止不了我们塑造人类社会，用最妥当的方式来达到我们在尘世间想要达到的目标。同样，国家、法律秩序、政府和管理机构也不可能尽善尽美到超出我们理智思维的范围。政治问题是一种解决社会问题的技术，我们也要按照现有的、与解决其他技术问题相同的途径和相同的方法来解决：即通过理智的思考权衡，通过研究现有条件的途径与方法。人类之所以是人类，人类比动物高明，就是因为人类具有理智的思维。为什么他们在政治上放弃了自己的理智，反而相信黑暗不明的感觉和冲动呢？

四　自由主义的目的

一种流传很广的观点认为：自由主义与其他政治流派的最大区别是：它将社会上一部分人的利益，即将财富的占有者、资本家和企业家的利益置于其他社会阶层的利益之上，并代表着这一部分人的利益。这种观点完全颠倒了事实。自由主义一贯注重全社会的福利，从未为某一特殊阶层谋取利益。英国功利主义者的一句名言用一种不那么巧妙的方式表述了这种意思：是为了"绝大多数人的最大幸福"。从历史学的角度看，自由主义是第一个为了大多数人的幸福，而不是为了特殊阶层服务的一种政治倾向。与宣称追求同样目标的社会主义截然不同的是：自由主义不是通过其追求的目的，而是通过它选择的方法去达到这一最终目的。

有人宣称，自由主义政策若获成功，那将会有利于，而且必然会有利于特定社会阶层的特殊利益。这种说法值得一驳。我们自由主义纲领的诸多任务之一就是要告诉人们，上述论调毫无道理。但是我们并不想从一开始就指责那些反对自由主义的人缺乏诚意，也许他们是凭着自己的良知提出了上述论点——尽管我们认为这些论点有失公允。用这种方式反对自由主义的人也公开承认，自由主义的观点鲜明，它只想做它宣布要做的事情。

持这种论点的人与那些指责自由主义并非为了大多数人，而只是为了某个阶层的特殊利益服务的人截然不同，他们既失之公允，又缺知少识，或者两者兼而有之。他们选择这样的斗争方式，暴露出他们肯定了解自身固有的弱点。他们之所以拿起了有害的武器，恰恰证明他们舍此之外，别无他法。

假如医生告诫一位病人："请不要食用某种食品，否则将加重病情，带来严重的后果。"任何人都不会愚蠢地答道："这位医生没有为病人着想，谁为病人着想，谁就应当让病人尽情地享用美味佳肴。"人人都懂得，医生要求病人放弃食用有害食品带来的享乐与愉快，是为了避免对身体造成损害。然而，在社会生活中，有些人却不愿这样看问题。每当自由主义者反对特定的某种民风民俗，并指出这样做会给他们带来有害的后果时，人们就责骂他是反人民的，而表彰那些毫不顾忌将来带有害后果的蛊惑人心者，他们只向人们介绍表面上带来眼前利益的东西。

理智的行为与非理智的行为的区别在于：前者只牺牲暂时利益，这个暂时利益的牺牲是表面上的牺牲，因为这些牺牲可以通过后来的成功得到补偿。那些避免食用香甜可口但有害健康的食品的病人蒙受的仅仅是暂时的、表面上的损失；其成功——即没有出现身体的损害——告诉他，他并没有失败，而是胜利了。若想避免损失，就必须考虑行为的后果。蛊惑分子利用了这一点，指责要求暂时牺牲眼前利益的自由主义者，责骂他们是心狠手毒的人民公敌。他们知道，指出贫困和痛苦之后再提出建议。是足以使听众感动得掉泪并赢得人心的好方法。

反对自由主义的政策是主张将资本分光吃尽的政策。这种政策旨在以牺牲将来为代价换取眼前的享乐与富足。这同我们谈到的病人的道理相同，这两种现象都是以眼前的享乐换取将来沉重的后果。有鉴于此，有人又说，自由主义铁石心肠与他们的慈善为怀两者之间水火不相容。我们认为，将这样的比喻强加给自由主义，是一种不诚实的欺骗行为。我们谴责这些反自由主义的无稽之谈，不仅是针对现实生活中的政客，而且也针对反对自由主义政党把持的舆论工具，因为几乎所有的"社会政治文人"都在使用这种不诚实的斗争方式。

事实并非那些思想狭隘、见识短浅的普通的报刊读者主观想象的那样,人世间的贫困和痛苦也能成为反对自由主义的理由。恰恰是自由主义者要消除贫困和痛苦。自由主义认为:它所提出的方法是唯一适合并能达到这一目标的方法。如果谁认为他还能提出一个更好的或能达到这一目标的另外的道路,那么他就必须去证实它的可行性。但是,那种认为自由主义并非为全社会的福祉,而是为特定社会集团的利益谋利的看法,并不能代替这种证明。

即使人们奉行自由主义政策,现实生活中的贫困和痛苦也不能成为反对自由主义的理由,因为奉行其他政策是否会带来更多的贫困的疑问依然存在。如今,自由主义政策到处遭到反对和抵制,私有制的发展受阻,因而无法发挥它应有的作用。这一切都不可能抹杀自由主义的正确性,反而恰恰事与愿违。如果人们将现实生活与中世纪及近现代之前几个世纪的状况作一比较,就不难看出,自由主义和资本主义已创造了多少丰功伟业,假如它没有受到干扰,还会创造出更多的奇迹,只要人们在理论上稍作探讨,就不难得出这一结论。

五 自由主义与资本主义

我们习惯将一个实行了自由原则的社会称为资本主义社会,将这一社会形态打上资本主义的标记。由于这一社会实行的各种不同的经济政策只是或多或少地接近自由主义的主张,并非完整地贯彻了自由主义的思想,所以,现实并不能回答成熟完整的资本主义究竟是什么样以及其究竟能够做到什么的问题。但是,若把我们的时代称为资本主义时代,无论如何都是正确的。这是因为,创造我们时代财富的一切因素都可以归功于资本主义的组织方式和生产方式。资本主义之所以有活力，是因为它从自由主义思想中汲取了丰富的营养。正因为如此，这个社会中的广大群众的生活得到了保障，当代人的生活条件达到了我们上几代人中连富人以及享有特权的人都不可能达到的水平。

然而，那些形形色色蛊惑人心的空谈家们的看法却与此截然不同。听了他们的议论，也许有人会相信：单单只有一个狭小的社会阶层从这一切生产及技术的进步中获得了好处，相反，人民大众却变得越来越贫困潦倒。事实上，只要稍加思考，就不难看出：一切技术革新和工业革命的结果都直接影响和改善了广大群众的物质需求。一切生产成品的大工业都是直接造福于广大群众的，而一切生产半成品和机器的工业都是间接为造福广大群众服务的。过去几十年里大工业的巨大变革，正如18世纪发生的大规模工业革命一样——人们将这场工业革命冠以一个并非特别幸运的词汇——"工业革命"——首先在更好地满足大众需求方面产生了巨大影响。制衣工业、机械制鞋工业和食品工业的发展，从其本质上讲就是造福于最广大的群众。由于它们的进步和发展，今天的群众比以往任何时候都要吃得好、穿得好。大规模的工业生产不仅在吃、穿、住方面，而且在其他方面也满足了人们的大量需求。新闻业，如电影工业一样也实现了大规模生产。即使是歌剧院和与其类似的艺术场所也一天比一天更多地成为大众光顾的地方。

由于一些反自由主义政党的颠倒黑白和激烈煽动，人们如今把不断增加的贫困问题以及世界性的贫困化问题更多地与自由主义和资本主义的概念联系在一起。但是，他们的煽动并没有成功地将自由与自由主义这些词汇的价值贬低到他们所希望的程度。无论反自由主义的煽动宣传以何种面目出现，每个政党的人听到自由主义这一概念时，都会自然而然地将它与"自由"（Freiheit）一词联系在一起。因此，反自由主义的煽动宣传家们放弃了将自由主义一词经常挂在嘴边的做法，转而更多地将自由主义思想体系与资本主义社会的某些不道德的行为联系在一起。谈到资本主义，就使人联想到一个心狠手毒、唯利是图的资本家，他剥削同类，无恶不作。事实上，自由主义所主张的资本主义社会秩序是：资本家若要发财致富，唯一的途径是像满足他们自身需求一样来改善同胞的物质供应条件。而反自由主义的人在勾画资本主义的概念时，对这个根本问题佯装一无所知或所知甚少。每当人们谈及人民群众的生活条件大为改善时，这些人都闭口不提资本主义。反自由主义的宣传家凡是提到资本主义时，往往只提资本主义普遍现象中的某种特殊现象，而它恰恰是自由主义遭到遏制时才会产生的特殊现象。资本主义为广大人民提供了诸如食糖一类美味可口的奢侈品和营养品的事实，他们只字不提。但是，当某个国家的卡特尔将食糖的价格哄抬到高于国际市场的价格时，他们才大谈特谈资本主义与食糖之间的关系。我们认为：只要贯彻了自由主义的原则，这种现象绝不会发生。这是因为：在自由主义思想占统治地位的国家里，既无海关也无哄抬糖价的卡特尔。

反自由主义宣传的意图非常明显，他们要把反自由主义政策造成的所有恶劣的后果统统归咎于自由主义和资本主义本身，他们鼓吹道：自由主义的目的违背了其他社会阶层的利益，帮助和发展资本家、企业家的利益。他们以此为出发点并据此推断：自由主义是一种反对穷人、有利于富人的政策。他们使人相信：在特定前提条件下，很多企业家和资本家赞成关税保护，此外，再加上资本家们赞成生产武器，推动军备生产，所以，反对自由主义的人很快就理所当然地将这种政策宣布为资本主义政策。事实恰恰与此相反。自由主义绝不是代表某一特殊阶层的政策，而是为全体人民利益服务的政策。因此，那种认为企业家和资本家为了他们的特殊利益才赞同自由主义的说法也是不正确的。企业家和资本家之所以赞同自由主义，完全是出于与其他人相同的原因。当然在极个别的情况下，某些企业家和资本家的特殊利益与自由主义的纲领相吻合，这也是有可能的。但是，事实上许多企业家或资本家的特殊利益一贯是与自由主义的纲领相对立的。事情并不像人们想象的那么简单，正如到处有"利益者"追逐"利益"那样。譬如说：某个国家建立钢铁关税，人们不能"简单地"将这一事实称为有利于钢铁工业。因为国内还有其他的一些要求保护钢铁关税的企业家。但是无论怎样看，从钢铁关税中获利者只有极少数的人。同样的道理，建立和保护钢铁关税这件事也不是行贿就能办到的，因为受贿的也只有少数人。我们不禁要问：为什么人们只向税务官员行贿而不是去向他们的对手——自由商人行贿呢？关税保护已成为一个可行的思想体系，这一事实既不会造成利益获得者，也不会产生它的收买者。它只能造就那些将这种思想体系赋予这个世界的思想家，所有的人都在按照他们的思想行事。

我们所处的时代，是一个反自由主义思想统治的时代，所有人的思维方式都是反自由主义的，正如一百多年前绝大多数人都用自由主义思想来思考问题一样。如果今天许多企业家赞同关税保护，这就恰恰说明他们接受了反自由主义意图。而这些问题与自由主义本身毫无关系。

六　反自由主义的心理根源

仅从理性的角度来解释社会合作的问题似乎还不能阐明本书想要阐述的观点。这是因为我们用理性主义的观点无法寻找到那些反对自由主义根本原因。有些人之所以反对自由主义，完全不是出于理性和理性的分析，而是由于精神上的病态，由于偏见和变态心理。人们可以根据法国的社会主义者傅立叶的名字将其称为傅立叶变态心理。

我们不须过多地分析由于偏见和嫉妒而产生的针对自由主义的那种恶意。偏见的表现形式是：当某人的处境比他要好一些时，他便产生一种憎恨心理，以至于他并不顾忌自己从这种憎恨中蒙受很大的损失也要给对方造成损害的这样一种行为。有些反对资本主义的人，他们很清楚，自己的处境若在任何一个其他的经济制度下也好不了多少，明知如此，仍然竭力要求换制改革，例如要求实行社会主义。因为他们寄希望于搞社会主义能使他们所嫉妒的富人倒霉。人们常常可以从社会主义者那里听到这种说法：虽然社会主义社会也存在着物质匮乏和贫困，但这种贫困较之现在要容易承受得多，因为在社会主义社会里没有人会比其他人过得更好。持这种偏见的人并非不可救药，可以用理智的分析使他们克服偏见。我们不用费太大的力气就可以使他们明白：改善他们生活条件的根本途径不是设法使那些过得比他们好的同胞倒霉遭殃，而在于他们在改善自身条件方面所做的努力。

然而，与傅立叶变态心理作斗争，却远比说服人们克服偏见要困难得多。因为这是一个严重的神经系统疾病，一种神经官能症。神经病理学家对此病或许比政治家更有兴趣。但是，要想研究现代社会的问题，今天又不能绕过它。令人遗憾的是，迄今为止，医生们几乎还没有着手研究傅立叶变态心理病这一课题。如果能追根寻源，到唯一能引导人们找到相关知识的心理学分析理论中寻找答案的话，就会发现，甚至精神分析大师弗洛伊德和他的学说在其神经官能症的理论中都几乎没有注意到这个问题。

在数百万人之中，几乎没有一个人在他的生活中实现了他所追求的目标。即便是那些最幸运的人，他们的成就与其年轻时梦想获得的虚荣仍然相去甚远。数以千计的困难和阻碍撞碎了计划的梦想，而他本身的力量却显得很弱小，以至于无法实现主观想象既定要达到的目标。失望和计划的失败，自身的不足与他提出的既定任务相矛盾是每个人最大的、最为痛心的经历，这是最典型的人类命运。

人们可以用各种不同的方式对这种命运作出反应。生活的智者歌德指出了其中的一条道路。他在《普罗米修斯》中呼唤道："你也许说，我应该憎恨生活，逃向沙漠，因为不是所有的美梦都能成真。"浮士德在最高的瞬间认识到"智慧是最后的结果"，"只有那些每天不得不拥有自由的人，才能像获得生命那样获得自由"。任何尘世间的不幸都能够损害人们的意志和精神。谁想面对真正的生活，而不被生活所奴役，谁就不应当躲避到生活的谎言中去寻找安慰。当企求的成就没有到来，当命运的打击将长期的辛劳所得瞬间化为乌有时，他应当将努力再增加四倍，他应当毫无畏惧地面对不幸。

但是，精神病患者却不能承受真实的生活。这种真实的生活对他来说真是太野蛮、太粗暴、太糟糕了。他不愿像健康的人那样"不畏一切强暴，坚持不懈地"把生活改变得便于接受；他不了解自己的弱点，而是逃避到一种幻觉中去。按照弗洛伊德的观点，这种幻觉是把"自己的期望当作一种安慰"，其特点是"以幻觉来抵制逻辑和真实的打击"。因此，人们无法用令人信服的证据来说服此类病人放弃其徒劳无功的做法。病人必须依靠自身的努力来达到痊愈的目的。他必须学会并懂得为什么他不愿忍受真实，反而逃避到幻觉之中去的原因。

精神病学家也许有一天会宣布他们的研究成果，即说明傅立叶主义是一个患有严重疾病的大脑中杜撰出来的荒唐产品。笔者不想在本书里罗列傅立叶撰写的文章，以证明他的变态心理，因为这是精神病专家感兴趣的事情，也许是那些想通过读他的文章而享受一次贪婪的幻想的人们想做的事情。但是可以断定，马克思主义者在他们感到需要的时候，就会离弃装腔作势的辩证法的领域，停止对反对派的嘲笑和中伤，列举几个苍白无力的事例大做文章，但是，他们除了傅立叶的"乌托邦"之外，没有拿出任何新东西。同样,马克思主义对社会主义社会的蓝图构思和设计也没有超出傅立叶早就已经提出的两个假设,而这两个假设与人们的一切经验和智慧都是相违背的。这两个假设一方面指生产的"物质基础","人们不需付出任何劳动就可以从自然界得到"。这个物质基础如此丰富,以至于人们根本用不着进行经营就唾手可得,由此产生了"实际上生产可以无限增长"的信念。另一方面,傅立叶在他的假设中指出:在社会主义社会的公有制条件下,劳动已从负担变成乐趣,变成人们"生活的第一需要"。在那些物质财富充分涌流、劳动变成乐趣的地方,人们自然可以毫不困难地建立起童话般的懒人国了。

马克思主义站在它的"科学社会主义"的角度上,可以对浪漫主义者和浪漫主义投去鄙视的目光,但是,事实上他们的性质是相同的。马克思并不去排除那些摆在实现其愿望的道路上的障碍,而是在他的幻想中自我满足,期望着这些障碍在幻想中自行消失。

在精神病患者的生活中,生活的谎言具有双重任务。他们在失败中自我安慰,相信奇迹般的成功将会到来。例如,他们认为:社会的种种失败,包括他们设想的远大目标之所以没有实现,其根本原因并不在于这些目标无法实现,而是由社会制度的缺陷造成的。推翻了现有的社会制度之后,他们就可以在未来形成的新社会里得到他们想得到的东西。人们试图让他们理解,他们梦想中的未来的国家制度是行不通的,一个实行劳动分工的社会离不开生产资料私有制这个基础,离开了这个基础,社会就不可能存在下去。然而,人们的一切说服都没能使他们理解这个问题。精神病患者始终抱着其生活的谎言不放。如果把他们放在生活的谎言和逻辑思维两者之间,让他们去选择的话,他们宁可牺牲逻辑。这是因为,他们如果放弃了在社会主义思想中找到的安慰,或曰离开了这种安慰,生活就会变得更加不堪忍受。社会主义思想告诉他们，导致失败的原因不在于他们自身的过错，而在于社会。因此，社会主义思想抬高了他们低落的自我意识，并将他们从难以忍受的压抑感中解脱出来。虔诚的基督徒也与此相似，他们很容易忍受尘世间遭到的不幸，因为他们将他们的个人存在寄托于来世，并且希望一旦进入来世，他们在尘世间的不幸就会成为过去，受苦受难的人会过上好日子。社会主义之所以变成现代人们解脱尘世间痛苦的一剂仙药，正是基于这个原因。然而，如果灵魂不死，来世报应以及复活等信仰变成了对尘世进行改造的一种刺激的话，社会主义对人们的许诺作用就完全不同于基督教教义了。它给人们规定的义务只有一个，即：赞同并支持社会主义政党的政策，而社会主义政党的政策许诺给人们的只是一些期望和一些要求。

从社会主义思想的这个特点中，我们可以理解到，其追随者中的每一个人期望从社会主义中得到的东西，恰恰是社会主义无法办到的。社会主义的作家们不仅向人们许诺全体人民的富裕，而且还许诺了爱情和幸福，个人的精神和身体方面的全面发展，全体人民都可以发挥他们伟大的艺术才能和科学才干，如此等等。不久前，托洛茨基在他的文章中宣称，在社会主义社会里，人们的平均水平可以提高到"与亚里士多德、歌德、马克思相当的程度"。社会主义天堂是一个最美好的王国，那里居住的全都是幸福的超人。所有的社会主义的文献都充满了这样的废话。然而，恰恰是这样一些废话招徕了它的追随者。

人们不可能把每个患有傅立叶——变态综合征的病人都送到医生那里，让医生通过精神分析来治愈他们的疾病。因为其中相当多数的患者拒绝接受医生的治疗。没有任何别的方法比病人自我治疗更有效。他们必须学会认识自我，掌握自己的命运，而不是寻找一个可以承担一切罪过的替罪羊。他们必须认识并懂得人类社会合作的基本原则。

第一章 自由主义政策的基础

一 所有制

人类社会是人们在物质资料的生产过程中，为了共同进行生产活动而结合起来的共同体。与每个人孤立的行为相比较，按照劳动分工的原则进行共同的生产活动可以大大提高生产效率。在相同的条件下，实行了劳动分工的生产活动不仅能够创造与同等数量的个人孤立的生产活动同样多的财富，而且比后者明显要多得多。整个人类的文明就建立在这种劳动分工所带来的很高的生产效率的基础之上。劳动分工把人和动物区别开来，与绝大多数动物的体力相比，劳动分工使相对弱小的人类成为地球的主宰和技术奇迹的创造者。假如没有劳动分工，今天的我们就会像数千年或数万年之前的祖先一样彼此之间毫无关系。

人类仅仅为自己的生存而从事的单个生产活动不可能增加我们的物质财富。为了增产增收，人类的生产活动必须利用大自然赐予的地球上的土地、物质和能源。地球拥有并承载着人们生产活动所需的一切物质和能源。人类的生产活动由两个要素组成，从这两大要素之间有效的相互作用过程中生产出一切满足人类需求的产品。也就是说，在生产活动中人必须付出劳动，还必须拥有物化生产要素。物化生产要素是指人们在生产活动中不仅要利用大自然赐予我们的、绝大部分与土地密切相关的物质和能源，而且还要利用人类在以往的生产活动中从原始的自然生产要素里创造出来的那些中间产品。根据国民经济学的说法，我们可以将生产要素区分为三种不同的类别，即：人的劳动、土地和资本。我们将土地这一生产要素理解为自然界提供给我们的一切地上地下、水中和空中的物质材料和能源。将资本财产理解为为再生产服务的、通过人类的劳动所生产出来的一切中间产品，例如机器、生产工具以及一切形形色色的半成品，等等。

首先，让我们来观察分析人类生产分工以及合作的两种不同的制度：其中一种以生产资料的私有制为基础，而另一种是以生产资料的公有制为基础。后者被称为社会主义或共产主义；前者则被称为自由主义，由于它自19世纪以来创造了囊括世界范围的劳动分工组织，所以人们也将其称为资本主义。自由主义断言：在实行劳动分工的社会里，人类相互合作的唯一可行的制度是生产资料的私有制。自由主义断言：社会主义作为一个包括全部生产资料的社会制度是行不通的，尽管这种制度在只占有部分生产资料的情况下并非完全行不通，但它会导致生产率的下降，以至于使其非但不能够创造更多的财富，反而会起到减少财富的作用。

用一个唯一的词汇就能概括自由主义的纲领，这就是：私有制，即生产资料的私有制（人们生活中的那些直接消费品是私有财产，这是理所当然，不言而喻的，即使社会主义者和共产主义者对此都不持异议）。自由主义的一切其他主张都是根据这一根本性的主张而提出的。

但是，如果人们仔细观察，就会发现：除私有制以外，自由主义纲领还将"自由"与"和平"这两个词提到重要位置。这样做并非因为早期的自由主义纲领大都将这两个概念与私有制相提并论。我们曾经讲过，今天的自由主义纲领是在早期的自由主义纲领基础之上发展起来的。由于自由主义吸收了过去几十年来科学进步的成果，今天的自由主义纲领在阐述这几个概念的相互关系时，其理解的基础更加深刻，其视野更加广阔，因此，今天的自由主义纲领超过和发展了早期的自由主义纲领。许多老资格的自由主义者认为，"自由"与"和平"不仅仅是生产资料私有制这一基本思想的延伸与发展，而且同样是自由主义思想体系的重要组成部分。它们之所以在自由主义的纲领中被提到重要位置，其主要原因还在于它们遭到自由主义敌人特别激烈的攻击。如果我们对这种攻击视而不见，听任下去，就等于是对他们采取某种程度上的默认态度。

二　自由

　　自由的思想如此深入人心，以至于我们在很长的时间里简直不敢怀疑人们对它的最崇高敬意和认可仅仅停留在口头上这一事实。列宁是对自由表示保留意见的第一个人，他把自由称为"资产阶级的偏见"。人们把自由的真髓要义忘得一干二净，或抱着口惠而不实的态度，揭露这事实，是自由主义的一大成就。自由主义的名称就来源于自由一词。反自由主义的政党的名称最初叫作"SERVILEN"。这两个名称都是在19世纪最初十年的西班牙宪法战争中出现的。

　　在自由主义出现之前，甚至连高尚的哲学家、宗教事业的捐助者、牧师这些怀有最良好愿望的人以及真正热爱人民的国家领袖都认为奴隶制是正义的，是一种有益于社会的、仁慈的制度。他们认为，人的自然本性决定了一部分人应该是自由的，而另一部分人是不自由的。不但统治者这样想，而且一大部分奴隶也持这种看法。他们忍受奴隶制度不仅仅是因为他们不得不顺从奴隶主强大的武力，而且他们也认为这种制度给他们带来了好处：奴隶无须为每天充饥的面包发愁,因为主人支付他们每天所必需的东西。当自由主义在18世纪和19世纪上半叶开始在欧洲和海外大陆的黑人奴隶中呼吁废除农奴制和奴隶制时,不少所谓正直的朋友还对此加以反击。他们认为:不自由的劳动者习惯了这种不自由的生活,并不感到这是不舒服的负担,他们不懂什么是自由,也不知道他们将从自由里得到什么。离开了主人的关心只会有损于他们自己,他们没有能力经营和生产自己必需的东西,因而会陷入贫困。假如奴隶获得了解放,一方面他们不会实现自身的价值,另一方面他们会在物质生活上受到严重的损害。令人惊讶的是,这些观点在人们询问的许多奴隶中也得到了认同。为了达到废除奴隶制的目的,许多自由主义者不得不将那些农奴和奴隶受到残酷虐待的非常特殊的例子加以夸大,并指出这些都是普遍现象。事实上,奴隶制中类似的越轨行为只是偶尔发生,并非具有普遍意义。尽管如此,这些越轨行为的存在仍然是废除这种制度的理由。从总体上看,当时奴隶主对其奴仆的待遇还是人道和温和的。

在一般情况下,一些人赞成废除奴隶制完全是出于慈善的原因。如果有人反驳他们并指出,保存奴隶制同样也是为了奴隶自身的利益,那么,这些好心的慈善家也就无言以对了。唯一能够战胜,并且已经战胜奴隶制及其辩护士的论据是:自由劳动可以创造远远高于奴隶劳动的生产率。在奴隶制条件下,劳动者没有兴趣发挥他们的最大劳动能力,他们的工作热情和劳动量仅限于能够避免遭到惩罚的程度,而这种惩罚只有在没有完成最低限度的工作量时才会发生。自由的劳动者懂得,若要得到更多的报酬,就必须付出更多的劳动。因此,他们全力以赴地工作,以便能够增加自己的收入。我们只需将一名操作一台现代蒸汽犁田机的工人所具备的高素质与两代人之前的俄国农奴在耕作时付出的智力、体力和勤劳作一比较,就足以说明这个问题。只有具备现代化工业所需技能的自由劳动者才可能最大限度地创造效益。

只有头脑不太正常的人才会喋喋不休地说：是不是所有的人都应该自由？是不是所有的人都已经成熟到能够享受自由的程度？他们也许还会声称：有些种族和民族天生就是做奴隶的料。主宰民族有义务维持奴隶不自由的状况。自由主义者并不想去驳斥这些人的观点，因为自由主义在争取自由的问题上对所有的人一视同仁，自由主义提出的有利于自由的证据与这些人的观点毫无共同之处。我们自由主义者从不认为上帝或自然界早已决定了所有的人都是自由的，我们不仅不愿传播上帝的意旨，而且还要从根本上避免将上帝和自然牵扯到围绕着尘世间事物的争吵中去。我们的唯一主张是：保障一切劳动者的自由，保障使人类创造出最高劳动效率的劳动制度。自由主义的这一主张符合地球上所有居民的利益。我们之所以反对奴隶制，并不是因为这种制度对"奴隶主"有利，而是因为我们坚信这个制度对社会的每一个阶层，首先对"奴隶主"会带来危害。假如人类继续保持一部分劳动者或全体劳动者的不自由状况，那么，过去一百五十年中人类经济的巨大发展就不会出现。我们将没有铁路、没有汽车、没有飞机、没有蒸汽机、没有电动机和照明设施，也没有大规模的化学工业，正如尽管拥有众多天才的古希腊和古罗马没有创造出这些财富一样。这一切证据足以使每个人，甚至包括过去的奴隶主和农奴主认识到废除奴隶制这一事物的发展进程是令人满意的。如今，一位欧洲普通工人的生活条件比古埃及法老的生活条件还要舒适，尽管后者拥有成千上万的奴隶，而且每个奴隶都毫不例外地用他的力量和双手的技能为法老的幸福服务。假如我们将一名公元前的富豪置于今天的一位普通人的生活环境中，他也会毫不踌躇地说，他当年的生活比我们这个时代普通公民的生活还要贫困得多。

三 和平

有一些高尚的人，他们憎恨战争，因为他们认为战争带来了死亡和创伤。我们对他们这些充满仁爱的观点并不感到惊讶。但是，当我们听到战争的支持者和附和者观点时，这些仁慈的论据似乎便失去了其部分或全部说服力。战争的支持者和附和者毫不否认战争给人类带来痛苦和灾难，但他们认为：战争，只有战争才能促进人类的进步。一位希腊哲学家说：战争是万物之父。于是，成千上万的人附和他的观点，他们认为，处在和平中的人类如同干枯的植物，只有战争才能唤起潜藏在人们身上的才干和能力，并把他们引到至高无上的境地。假如消灭了战争，人类就会在软弱无力和萧条的状态中堕落。

如果人们只知道战争会带来死亡，而不懂战争的其他含义的话，就很难，甚至无法驳斥战争狂的上述论点。因为支持战争的人也懂得这一点，并且认为战争造成的牺牲并不是无谓的，付出的代价是值得的。如果战争真是万物之父的话，那么，人类为此作出牺牲就是必要的。因为它是为了促进人类的进步和普遍的幸福。人们可以控诉战争带来的死亡，也可以减少其死亡人数，但不能废除战争，以谋求永久的和平。

自由主义者对战争的抨击与慈善家对战争的批评有本质的区别，其出发点是：和平是万物之父，战争则不然。只有和平才能给人类带来进步。人类与动物的区别在于，人类可以进行社会合作。只有劳动才能创造财富和丰裕，它为人类的内在繁荣奠定了外在基础。战争带来的仅仅是毁坏，而不是建设。战争、谋杀、毁坏和灭绝把人变得与森林中的猛兽毫无区别。而建设性的劳动是我们人类独有的特点。自由主义者憎恨战争与慈善家对战争的憎恨不同，慈善家认为战争也可以带来一些有用的后果，而自由主义者认为战争只会产生有害的结果。

慈善家之类的和平主义者走向强权者，并对他说："别发动战争，尽管你有可能赢得胜利，增加你的财富，高尚一些，大度一些吧！放弃正在向你招手的胜利吧，尽管这意味着你失去一个祭品，失去一些利益。"而自由主义者的想法却与慈善家不同，他们坚信，即使是胜利的战争对于胜利者而言，也是一个罪恶，和平要比胜利好得多。自由主义者要求强者懂得其真正利益所在，要求他们学会并明白：和平的优越性和好处，无论对于强者还是弱者，都是等同的。

当一个爱好和平的民族遭到喜欢战争的对手进攻的时候，他们必须进行抵抗，竭尽全力地打退敌人。当人们为了自由和生存而战，创造了英雄业绩的时候，他们是值得赞扬的，人们有理由称赞这些战士的坚韧和勇敢。这时，他们的英勇果敢、不屈不挠、不怕牺牲的精神值得歌颂，因为他们的目标是正义的。但是，如果人们把这种良好的战士品德视为一种绝对的品德，视为一种普遍认同的优点，而无视其战争目的话，那么，人们就犯了错误。这样一来，强盗的那种大胆、不怕死也会被认为是一种高尚的品德。实际上，并不存在着一种被普遍认同的善与恶。人类行为的善与恶、好与坏总是通过它要达到的目的以及它带来的后果来评判的。莱翁尼达斯是为了保卫他的家乡而牺牲的，假如他是一个掠夺和平居民的财富、践踏人民自由的侵略军首领，那么，他就不会得到人民对他的敬仰和尊崇。

对于每个认识劳动分工的益处的人而言，战争给人类文明带来的损害是显而易见的。人类在生存和发展的过程中，需要进行劳动分工，彼此相互依赖，相互补充，正如亚里士多德所指出的：劳动分工是人类的社会性特点的表现形式，假如在蛮荒中生活的人类像野兽一样依靠对其他动物的猎杀维持生存，那么，他们的一切生命活动都改变不了他们的经济条件和生存基础。但是，假如在一个实行了劳动分工的社会里出现了争端，事情就完全不同了。在这样的社会里，每个劳动成员都只会各司其职，他不可能独立生存，因为每个人都离不开彼此间的互相帮助、相互支持。在庄园里生产他们维持其家庭生活所需要的一切产品的那些自给自足的自耕农之间，一旦发生争斗，他们仍可维持生存。但是，如果村庄里发生了鞋匠与铁匠之间的争执和敌对行为，那么敌对的一方就没有鞋穿，而另一方则会缺乏生产工具和武器。居民之间的战争摧毁了劳动分工，因为战争的任何一方无疑都在试图迫使对方因缺乏某种必需品而屈服。当人们看到这种敌对行动可能发生时，他们从一开始就尽力阻止劳动分工的发展，以便在发生战争后，减少因劳动分工带来的物资匮乏。只有在永久的共同和平生活有保障的前提下，劳动分工才能得到发展。保卫和平，也就是保护人类的劳动分工。离开了这个前提，劳动分工不会超过一个村庄的范围，甚至不会超出一个家庭的范围。农民以及城市附近的村民向城市居民提供粮食、牲畜、牛奶、黄油，以换回工业或手工业产品。这种城市与乡村之间的劳动分工也需要和平的前提条件，至少在那个进行物质交换的地区需要充分的和平保障。如果劳动分工扩大到全国范围，那么，这个国家就必须避免内战。同样，如果劳动分工在世界范围内进行，那么，就必须保障国与国之间的永久和平。

像伦敦、柏林这样的现代化大都市，如果其城市建筑的构思和设计主要是用来对附近平原上的居民进行战争，那么，每个现代人都会觉得这简直是不可思议的胡闹。然而，许多世纪以来，欧洲的一些城市都是出于这一目的而兴建的，有的城市从一开始就建造得像座堡垒，城墙之内修建了牲畜圈栏和粮食作物种植场，以便在紧急情况下能够掘壕坚守一段时间。

从 19 世纪初开始，地球上人类居住的大部分地区都被分成了一系列小块经济区。这些经济区基本上都可以自给自足。甚至在欧洲较为发达的地区，其每个地方的经济需求大都可以通过该地区的生产予以满足。超出某一狭窄地区范围的商业贸易为数甚少，而且基本上都是由于本地区特殊的气候原因而不能生产的产品才作贸易交换。世界上的绝大多数地区，都还处在农庄似的自给自足的生产方式下。对于村民而言，战争在商业关系中带来的破坏对其经济生活的影响是微不足道的。甚至连欧洲发达地区的居民对此似乎也没有切肤之痛的感觉。当拿破仑一世在欧洲实行大陆封锁，旨在阻止英国货或以英国人为中介而输入的海外商品进入欧洲大陆，不论这种封锁多么严厉，欧洲大陆上的居民也没有感到商品的明显匮乏。尽管他们不得不放弃咖啡、食糖、棉花和棉织品、香料以及一些稀有木材的消费，但是，所有这些物品的消费，对当时大部分居民生活而言，都没有重要的意义。

世界经济和国际关系的紧密化是19世纪自由主义和资本主义的产物。正是由于自由主义和资本主义，现代生产不断向专业化方向发展，科学技术日臻完善。围绕着一个英国工人在生活中使用什么、消费什么的问题，全世界五大洲的所有国家都在发挥作用。日本和暹罗（即泰国）为他提供茶叶；巴西或爪哇提供咖啡；西印度提供食糖；澳大利亚或阿根廷提供肉类；西班牙或法国供给葡萄酒；羊毛来自澳洲；棉花来自美国或埃及；制造皮革专用的生皮来自澳大利亚或俄罗斯；如此等等。为了交换上述产品，英国的商品走向了全世界，以至于遍及最偏远的乡村和农舍。这一切之所以能够发生并进行，是因为自由主义的思想占据了上风，而且人们意识到和平得到了保障。在自由主义最兴盛的时期，人们普遍认为，白种人之间的战争永远也不会发生了。

然而，事情却与人们想象的完全不同，自由主义思想和纲领受到了社会主义、民族主义、贸易保护主义、帝国主义以及军国主义的排斥。当康德、洪堡、边沁和柯布敦向世人公开宣布他们对永久和平的赞词时，就有一些人乐此不疲地颂扬战争和内战，他们很快就获得了成功。其结局是世界大战,这场世界大战给我们的时代上了一堂世界观的课程,它告诉我们:战争和劳动分工这两者是水火不相容的。

四　平等

分析旧自由主义纲领与新自由主义纲领之间的区别,最简单、最直观的方法是看它们如何理解平等问题。在18世纪,自由主义者深受自然法学说以及启蒙运动思想的影响,他们积极争取政治权利和公民权利的人人平等。这是因为早期的自由主义政治主张的出发点就是人人生而平等。他们认为,上帝造人,赋予人们相同的生命和器官,赋予人们同样的生命和灵魂的气息,人与人之间的所有差异都是人为造成的,都是社会的,即后天的产物。人们自身不能改变的差异主要是精神差异。毫无疑问,人与人之间还存在着诸如贫富、高矮、肤色等方面的差异。

没有任何一种观点比那种所谓人与人之间除面貌、外表不同外,其他一切都相同的论点更站不住脚的了。事实上,人与人之间完全不同,即使是一母所生的同胞兄弟姐妹之间,也存在着身体上和精神特征上的巨大差异。大自然的创造绝不是重复创造,它生产的并非系列产品,它也不是标准件的生产厂家。从大自然的工厂中走出来的人带有明显的个人标记、明显的性格特点以及不可重复再生的印记。人与人是不相同的,人们不能将法律面前人人平等理解成平等就是一视同仁、人人相等。

我们主张法律面前人人平等是基于两个不同的原因。其一,我们列举了反对限制个人自由的种种理由,它们说明:若要使人们的生产活动达到最高的生产效率,就必须实行自由劳动制度。这是因为,只有以工资的形式获得劳动报酬的自由工人才会在生产中竭尽全力。其二,主张法律面前人人平等,是为了保障社会的安定与和平。和平与发展的进程必须避免任何干扰，这一点，我们已在前面的有关章节中加以阐述。在一个社会之中，如果各个社会阶层的权利和义务都不相同，那么，社会的持久安定与和平就无法得以维持。那些试图剥夺一部分居民的权利的人应当知道，如果照他们的设想去做，那些被剥夺权利的居民将团结起来，向那些拥有特权的人发动进攻。因此，为了维护社会的安定与和平，必须消灭社会的等级制度和特权，从而中止围绕着等级和特权而展开的斗争。

有人指责自由主义关于法律面前人人平等的观点，他们认为法律面前人人平等并不是真正的平等。这种指责是毫无道理的。要想把人变得真正平等起来，这是依靠人的一切力量都办不到的事情。人与人之间本来就是不平等的，而且还将继续不平等下去。如前文所述，真正理智、清醒，并且合乎目的的处理方法就是争取在法律上平等待人。自由主义并不奢望得到比这更多的东西，因为，超出这个范畴以外的东西是不存在的，因而也是不可能得到的。人们不可能把黑人变成白人，因为它超出了人的能力范围。但是，人们可以赋予黑人同白人一样的权利，从而使他们能够像白人一样同工同酬，多劳多得。

但是，社会主义者却宣称：法律面前人人平等，这还远远不够，必须让每个人的经济收入都平等起来，做到这一点，才算得上真正的平等；废除世袭特权、废除等级制还不够，还必须彻底消灭私有财产这个最大的、最重要的特权，只有这样，才能完全实现自由主义的纲领。这样一来，他们就把自由主义最终引向了社会主义，引向了消灭生产资料个人所有制的轨道。

特权是一种有利于某些个人或某个特定的社会阶层，同时以牺牲其他个人的利益为代价的特殊安排。特权的存在损害了一部分人，也许是大部分人的利益。除了对那些为了得到好处而设置特权的人有利之外，对其他人没有任何益处。在中世纪的封建国家里，一些封建君主设立了世袭的司法机构，他们自己就是法官，其职位是靠世袭继承的，全然不顾他们是否具有担任法官的能力和品德。在他们的心目中，法官的职位只是一个获利颇丰的收入来源。在那时，司法机构是出身高贵的社会阶层的一个特权机构。

但是，如果人们从拥有法律知识和司法经验的专家中选拔法官——现代国家正是这样做的，那么，司法人员就不再拥有特权了，司法人员的特殊待遇就不再是为了他们自己的利益，而是为了国家的兴盛和长治久安。因为人们看到，渊博的法律知识是穿上法官长袍必不可少的前提条件，法官的优厚待遇必不可少，而且无可非议。怎样评断某个机构是不是特定的社会集团、阶层或个人的特权机构，不能只看该机构是否给这个特定的社会集团、阶层或个人带来了多少好处，最主要的是要判断它是否有益于全体人民。轮船航海离不了船长，与船员相比，船长的地位无疑相当优越。由于他具有指引航船在风浪之中绕过重重暗礁的导航才能，这种才能不仅有利于船长本人，而且有利于全体船员，所以，他的特殊地位并非特权或特权地位。

检验某个机构是否为个人或某个社会阶层的特权服务，不应只看它是否对这些人有利。检验的标准只有一个，即看它是否对全体人民有利。如果我们得出了生产资料的私有制给人类社会带来了繁荣与发展这一结论，那么，我们就可以明确断定：私有制并非财产拥有者的特权，而是一种有利于全体人民的社会组织形式，尽管一小部分人从这种组织形式中得到了特别多的好处，过得特别舒适。

自由主义并不是为了维护业主的利益才赞成保护私有财产，也不是为了保护业主的权利才主张坚持私有制。一旦自由主义者认为取消私有制有利于全体人民的利益时，他们就会赞成取消私有制，而且毫不顾忌这样做是否会损害业主的利益。然而，保留私有制是全体人民以及各社会阶层的共同利益之所在。私有制的存在使得那些即使是一无所有的穷人都生活得比在另外一个被证明是不合格的、其生产量只相当于我们这个社会生产量的极小一部分的社会里要好得多。

五　收入关系和财产关系的不平等

我们这个社会制度受到最频繁抨击的是收入和财产分配的不合理这一事实，它导致了严重的贫富不均问题。一方面有一掷千金的富豪，另一方面还有一贫如洗的穷人。为了改变这种现状，人们想到了一条出路：即实行平均分配。

反对这一主张的人认为，平均分配于事无补，因为同富人相比，穷人的基数非常大。即使将富人的财产分给穷人，平均到每个人头上，也只能使穷人的福利增加微不足道的一点点。这种看法当然不错，但是还很不全面。那些主张平均分配的人忽视了最重要的一点，即人们可以用来分配的是以年度为单位的社会劳动所创造出来的价值或体现这部分价值的产品，其数量的大小与分配的方式密切相关。如今，每年新创造的价值和商品的数量如此之大，它已不再是与所有社会现象无关的自然现象和技术现象，而是我们社会制度的功能及其效果的体现。这种社会制度承认财产分配的不平等现状，鼓励每一个人以最低的资金和原材料消耗生产尽可能更多的产品，因此，人类今天生产的产品数量超过了他们消费所需的数量，形成了年复一年的财富积累。假如人们消除了这种驱动力，生产量就会随之降低，从而导致在实行平均分配的情况下，人均收入将下降到今天最穷的人的收入水准之下的结局。

收入分配的不平等还有第二个功能，这一功能具有同上述功能同等重要的意义，即它造成了富人的奢侈行为。

人们常把奢侈视为一种愚蠢的不良行为，有关这方面的评论和著述很多。他们认为：一部分人享受富贵、穷奢极欲，而另一些人却不得不忍饥挨饿，穷困潦倒，这太不公道了。这种看法表面上有一定的道理，但终归是表面上的。假如人们发现奢侈在人们的社会生活中尚有一定的积极作用的话，这种反对奢侈的观点就根本站不住脚了。我们不妨对这一问题进行探讨和论证。

有人谈及奢侈的积极意义时说，如果富人不奢侈，穷人就会失去收入来源，就会变得无处挣钱，无钱可挣。这种说法很愚蠢，我们列举的有关奢侈的证据当然不是人们常常议论的这种观点，因为它说明不了任何问题。我们认为，如果没有奢侈，人们照样可以找到收入来源，那些本来用于生产奢侈品的资金就将被投放到其他的生产领域，例如用来生产大众化的消费品，人们的生活必需品，等等。

要想正确地认识奢侈的社会意义，人们必须首先认识到奢侈是一个相对概念，它是一种与广大民众的生活方式形成鲜明反差的生活方式。何为奢侈？不同的时代有不同的判断标准，从这个意义上看，奢侈也是一个历史范畴。许多在我们今天看来是必需品的东西，以前曾经是奢侈品。中世纪有一位嫁给一名威尼斯商人的拜占庭贵妇，她进餐的时候使用一个黄金器皿来代替手指，这个黄金器皿就是我们今天常用的餐具——餐叉的前身。但当时的威尼斯人普遍认为这位贵妇的行为是一种渎神的奢侈，他们诅咒她得暴病身亡，只有这样才是罪有应得，才是上帝对她的这种挥霍无度的正义惩罚。在我们之前的两至三代人中，即使在英国这样的富裕国家里，如果谁家里拥有一间浴室，人们都觉得这简直是一种奢侈。如今，在那里，几乎所有生活条件较好的工人家庭都已有了浴室。三十五年前人们还没发明汽车，二十年前拥有一台汽车是特别奢侈的生活方式的一种标志；今天，在美国甚至连一般工人也都拥有了自己的福特汽车。今天的奢侈品就是明天的必需品,这就是经济历史的发展规律。人类生活的一切改善和进步都首先以少数富人奢侈的形式进入人们的生活领域,过了一段时间之后,奢侈品就变成了所有人生活的必需品。奢侈鼓励了消费水平的提高,刺激了工业的发展,促进工业新产品的发明创造并投入大批量生产。它是我们经济生活的动力源之一。工业的革新与进步、所有居民生活水平的逐步提高,都应当归功于奢侈。

我们绝大多数人最不喜欢的是那些不劳而获、游手好闲、在享乐之中度过一生的阔佬。但是,这些人在整个社会有机体中也起到了一定作用。他们的奢侈行为起到了榜样的作用,在大众中唤起了新的消费需求,赋予工业以新的动因,并促使工业来满足大众的新需求。过去,出国访问是一种只有富人才能享受的奢侈。席勒在他的著名诗篇《退尔》中歌颂的瑞士山脉,他一生都没有亲眼见到过,尽管这些山脉与他的施瓦宾家乡毗邻。歌德既没到过巴黎,也没去过维也纳,更没能造访伦敦。而今天却有成千上万的人去那里旅游。不久的将来,去那些地方旅游观光的人数将以百万计。

六 私有制和道德伦理

我们已经论证了社会的功能、生产资料私有制的必然性以及财产和收入分配的不平等诸问题。现在我们再来论证私有制在道德伦理方面的理由及其建立在这一基础之上的资本主义社会制度。

道德是每个社会成员对社会利益的一种必要的顾及,是每个社会成员必须遵守的行为准则和规范。一个孤立生活着的人无须遵循道德规范,他无须顾及他的行为是否会给其他人造成损害,尽可以去做那些对他本人有利的事情。但是,一个在社会中生活的人，无论他做什么事情时，不仅要想到他的行为将带来的直接利益，而且还要充分考虑它是否符合社会的整体利益。由于每个人都生活在社会之中，没有社会的存在，个人的生活也将无法维持。如果社会生活秩序和生产组织遭到破坏，那么每个人都会遭到最严重的损害。社会要求每个社会成员在从事任何活动时都必须考虑全社会的利益，放弃那些尽管可以给他本人带来好处但危害社会生活的行为，同时，还必须避免危害他人利益的行为。个人为此所作出的牺牲，是暂时的牺牲。牺牲眼前的直接的微小利益，可以换取一个大得多的间接利益。为了共同的生存和劳作人们才联合成为一个社会整体，这个整体利益不能受到损害，因为它的存在就是每个社会成员的个人利益之所在。那些牺牲眼前利益的人，得到的是更大的长远利益。

对于照顾社会的整体利益及其意义的问题，人们存在着多方面的误解。他们认为，道德的价值就是牺牲个人利益，放弃享乐。这种看法忽视了一个最重要的问题，即道德的真正价值不是牺牲本身，而是这种牺牲所要达到的目的。也就是说，只有在为一个道德的目的而牺牲个人利益的前提下，这种牺牲才是合乎道德的。有些人为了一件正义的事业敢于舍去自己的一切，直至财产和鲜血；而另一些人却愿作出某些不给社会带来任何好处的无谓牺牲，这两者之间有着天壤之别。

一切为维护社会秩序服务的东西，我们均认为是道德的，一切损害社会秩序的行为，都是不道德的。如果人们认识并了解到某一机构是有益于社会的，那么，他们就没有理由去反对它或反其道而行之，假如这样做了，其行为就是不道德的行为。当然，某一机构究竟对社会有利或有害的问题，人们可以在不同的条件下作出各种不同的判断，提出不同的看法，但是，一旦人们确认它是有益于社会的，就不应再去反对它，或出于某种不明不白的原因去谴责它不符合道德。

七　国家与政府

　　遵守道德准则是每个社会成员的间接利益之所在，所以每个人都应当关心人们的社会合作能否得到保障。如前文所述，要达到这一目的，每个人都要作出一定的牺牲，尽管这种牺牲是暂时的，但它带来的好处远远大于人们为此付出的代价。要想充分认识这一问题，需要人们了解两者之间的相互关系；要想使所有人的认识趋于一致，需要一定的意志力。缺乏这种认识，或者虽然具有了这种认识，但缺乏贯彻这一认识的意志力，就不可能自觉自愿地遵守道德准则。这个道理正如个人为了自己的健康而遵守卫生规则一样。在现实生活中，有些人荒淫无度，毫不顾及自己的健康。吸毒就是其中一例，也许他们在吸食毒品时没有认识到它对健康的危害；也许他们认为这种危害无关紧要，因而不愿放弃这种一时的享受；也许他们虽然认识到吸毒的严重危害，但缺乏戒毒的毅力。有人认为，社会对那些以不理智的行为危害自己健康乃至生命的人采取强制措施，迫使他们走上正确的道路，这种强制措施是必要的、正确的。他们主张采取强制手段戒除酒精瘾君子和吗啡瘾君子的恶习，强迫这些人接受健康的生活方式。这样做是否恰当？我们将在下面的章节中论述，现在让我们首先讨论另一个问题，即是否应当强迫那些危害社会的人改变其行为，使之不再危害社会这一问题。我们不妨从另一个完全不同的角度对此加之阐述。酗酒和吸毒的行为危害的是当事人自己，而那些违反人们共同生活的道德准则的人，其行为不但危害他们自己，而且也危害了整个社会。假如那些主张维护社会的合作与稳定的人放弃了武力和强制手段，容忍他们继续为非作歹，破坏社会秩序，那么，任何社会的共同生活都将难以为继。为数甚少的个人，也就是说，那些不适合，也没有能力作出社会要求他们付出暂时牺牲的人将毁坏整个社会。如果不采用强制或暴力手段来对付社会公敌，人们就不可能继续维持社会的共同生活。

使用强制和暴力手段，迫使那些危害社会的人遵守社会共同生活规则的社会机构，我们称之为国家；人们必须共同遵守的规则，我们称之为法律；操纵强制机器的机关，我们称之为政府。

但有些政治派别认为，放弃所有的强制性制度不至于给社会带来危险的后果，人们完全可以建立一个人人自觉自愿地遵守道德准则的社会。无政府主义者认为，在一个真正为全体人民而不是仅为特权阶层的特殊利益服务的社会里，国家、法律和政府都是不必要的多余机构。仅仅是由于目前的社会制度承认生产资料的私有制，才需要人们用强制和暴力来保护它。一旦消灭了私有制，人们就会自发地遵守社会生活的共同准则。

仅就其对生产资料私有制性质的认识而言，这种观点就是错误的，在其他方面，它也毫无根据。无政府主义者不否认，在实行劳动分工的社会里人们共同生活的每种形态都必须遵守某种规则，这些规则要求人们不得不作出某种尽管是暂时的，但毕竟是一种眼前利益的牺牲。但无政府主义者错就错在他们认为所有的人都会毫无例外地、自觉地遵守这个规则。有些胃病患者明明知道食用某种食品马上会给他们带来严重的，甚至是无法忍受的痛苦，但他却没有能力抵制美味佳肴的诱惑。如果人们还不至于堕入荒谬的境地的话，就无法设想，在无政府主义的社会里，人人都富有先见之明，人人都具有坚强的意志力。社会生活的相互关联却不像预测某种食品会造成何种生理反应那样简单和直观。那些为非作歹的人不可能如此之快，尤其是如此明显地感到其行为所导致的后果，因此，更谈不上他们会主动停止作恶。我们不禁要问，在无政府主义的社会里不会发生因某人不慎引发的火灾事故吗？不会发生某人因愤怒、嫉妒或为了报复而加害他人的暴力犯罪吗？无政府主义者无视人的真实天性，他们的理想只能在一个由天使和圣人组成的世界里得以实现。

自由主义不是无政府主义,自由主义与无政府主义这两者之间毫无关系。自由主义的观点十分鲜明,这就是:没有强制措施,社会就会面临危险;为了保障人们的和平与合作,必须制定人们共同遵守的规则,必须保留暴力和威慑手段,只有这样才不至于使任何人破坏社会秩序。人们必须拥有足够的力量,迫使那些无视他人的生命、健康、个人自由和私有财产的人遵守社会生活的共同准则,必要时必须使用暴力。自由主义学说赋予国家的任务是:保护私有财产,保护自由,保卫和平。

德国的社会主义者斐迪南·拉萨尔曾试图将国家的上述职能限制在一个滑稽可笑的范围之内,他把根据自由主义者的思想建立的国家称为"值夜班的国家"。令人费解的是,难道值夜班的国家比那些只能吃腌酸菜,为生产不了裤子上的纽扣而发愁以及为印不出报纸而焦头烂额的国家更滑稽可笑、更糟糕吗?要想理解拉萨尔的这个笑话在德国博得的效果,我们必须了解当时的历史背景。在拉萨尔所生活的那个时代,德国境内还有许多诸侯专制独裁者统治的君主小国,德国人民也处在黑格尔哲学的统治之下。黑格尔的哲学把国家抬到了至高无上的境地。他把国家称为"自觉的道德核心",他认为,国家"就总体而言,是意志的理性化的体现"。知道了这些,我们就不难理解,拉萨尔的这个笑话可以称得上是亵渎神明的言词了,他在当时的历史背景下居然敢于提出把国家的职能局限在值夜班的范围之内的主张。

现在人们终于明白了为什么当时有人居然谴责自由主义是"敌视国家"和仇恨国家了。如果我认为赋予政府经营铁路、宾馆、餐饮业和矿山等职能是不妥当的,那么,就凭这一条,不能将我称为"国家的敌人"。同样,也不能因为我认为,尽管硫酸的用途很广,但它既不可饮用又不能用来洗手而把我称为"硫酸的敌人"。

将自由主义的国家观界定为自由主义限制国家的职能范围，自由主义彻头彻尾地憎恨国家在经济领域的活动，这种界定是错误的。自由主义关于国家职能的主张是它赞成生产资料的私有制这一根本性主张的延伸。如果我们赞同生产资料的私有制，那么，我们当然不同意将它改变成公有制的形式。也就是说，政府不应当成为生产资料的所有者。基于这一立场，自由主义者关于生产资料私有制的要求，明确无误地界定了政府的职能范围。

社会主义者总是指责自由主义缺乏逻辑性。他们宣称：自由主义企图把国家在经济领域的活动仅仅限制在保护私有财产这一范围内，另一方面却不同意国家始终保持中立的立场，这种观点不合乎逻辑，自相矛盾，令人不可理解。他们继而推论道：如果政府的活动超出了保护私有财产的范围，并且延伸到经济领域，在这种情况下，自由主义者必定会从其原则立场出发，拒绝政府的进一步干预。其实，事实绝非如此。自由主义的观点是：只有在国家的进一步干预将导致消灭生产资料的私有制的情况下，自由主义才会断然拒绝国家的干预行为，因为自由主义者在生产资料的私有制这个范畴之内已经发现了合乎目的的社会共同生活的组织原则。

八　民主

自由主义与那些否认国家机器、法律制度和政府机构的必要性的观点有着天壤之别。那种将自由主义与无政府主义思想联系在一起的看法是一个极大的误解。自由主义认为，国家作为人民的联合体，其存在是绝对必要的，因为国家担负着保护私有财产，保卫和平这些极为重要的任务。仅仅在保护私有财产这一方面，国家就能够发挥其重要作用。

接踵而至的问题是，怎样建立国家机器、建立什么样的国家机器才符合自由主义者的理想呢？自由主义者认为，国家不但要有能力保护私有财产，而且还必须保障和平与发展，使这一进程永不受内战、革命以及暴动的干扰和破坏。

在自由主义诞生之前的时代里，许多人的头脑中都游荡着一个幽灵，一些人认为，履行政府的职责和权力是一种具有特殊优越感和享有特殊尊严的工作。直到最近，甚至在今天，国家官吏一直都享有着崇高的声望。国家公职人员的职业是最受人敬仰的职业。一位年轻的候补官吏或一名少尉的社会地位要远远高于一位早已成家立业、两鬓苍苍的商人或律师。在德国人民中享有崇高声誉的作家、学者或艺术家，他们在其家乡得到的敬重和礼遇仅相当于政府的官僚等级制度中一位级别不高的官吏。那些在机关的写字间听差打杂的官吏被如此高估，实在是没有什么明智的理由。这种现象是以往诸侯统治时期遗传下来的后遗症，或者也可以说是遗传学中所说的一种隔代返祖现象。在那个时代里，公民畏惧公侯君主和他们的仆人，因为他们在任何时候都有可能被这些人洗劫一空。从这个意义上看，没有什么东西比把这些官吏们从写字间里轰出来，改变他们打发案卷、消磨时光的生活，把他们送到机器制造厂的绘图室去干活更美好、更高贵、更光荣了。税务官的职业不应当比那些直接创造财富，并向政府纳税、供其花费的人更高贵。

由于这种政府工作的特殊优越感和特殊荣誉感，在国家机构中滋生了一种假民主的理论，这种理论认为受制于他人是不名誉的事情。因此，这些人的理想是制定一部由全体人民来行使政府行政管理职权的直接民主的宪法。这种理想过去没有，现在没有，将来也永远不可能实现，即使在一个非常小的国家里也不可能实现。有人曾认为，这种直接民主的理想模式曾经在古希腊的城邦共和国和瑞士山区的小邦国里出现过。实际上，这样的看法是错误的。在古希腊，真正参与政府管理的只有一部分自由民，而大量的无业游民和奴隶却被排除在外。在瑞士的一些州里，无论是过去还是现在都只有一小部分单纯的地方性事务以直接民主立法方式处理。超出县级以上的地区事务均由联邦负责处理。而联邦政府的组成与直接民主的理想没有任何共同点。

对于个人而言，受别人统治绝不是不光彩的事情。政府机关、管理部门、警察制度的执行与管理以及其他类似的权力机构都离不开专家，即那些职业官僚和职业政治家。劳动分工的原则同样适用于政府职能部门。一个人不能同时身兼机械工人和警察两个职务。不能因为我本人不是警察而感到自己的尊严、幸福和自由受到了损失。反之，由少数人垄断所有其他人的安全保卫，或由少数人垄断制鞋行业也不是民主的表现。只要国家机构是按民主的原则组成的，我们就没有任何理由去反对职业政治家和职业官僚。真正的民主与浪漫主义者想象中的直接民主截然不同。从人数上看，统治者总是少数。因此，管理和操纵政府的也只有极少一部分人。这些人的执政基础必须得到被统治者的赞同与支持。被统治的那些人也许觉得政府的行为有小的过错或有难以避免的过失。但只要他们认为没有必要改变现状，政府的统治基础就不会因其过失而动摇。但是，如果大多数被统治者确信有必要，而且有可能改变统治方法，要求以新制换旧制，以新人换旧人，那么这个政府的日子就屈指可数了。大多数人将会行使其权力，甚至不惜违背旧政府的意志，使用暴力来实现他们的目标。如果得不到公众舆论和大多数被统治者的支持，任何政府都不可能长期支撑下去。假如政府使用强制手段迫使反对派屈服，那么这种强制手段只能在大多数人尚未团结起来共同反对它的这段时期内奏效。

任何一部宪法中都有一些至少最终能使政府依赖于被统治者意志的手段，即内战、革命和暴动。自由主义恰恰是要避免这些解决问题的出路。自由主义认为，一旦经济的和平发展进程一再被这种内部斗争所打断，持久的经济发展和繁荣便无法得以保障。假如英国再次发生玫瑰战争，现代化的英国就会在短短几年内跌入最可怕的深渊。内战不排除，经济就不可能发展到现代化水平。1789年的法国大革命消耗了巨大的物质财富，付出了血的代价，现代经济再也承受不了如此之大的社会震荡。在一场革命运动中，现代化大城市的居民将面临着断粮、断煤、断电、无煤气、无自来水的局面，人们无法忍受这种可怕的动乱局面。现在人们就在为此担惊受怕，一旦发生了类似的动乱，整个大城市的生活就会陷入瘫痪。

现在我们再来谈谈民主的社会功能。民主是一种国家的宪法形式，即它可以保证在不使用暴力的前提之下使政府符合被统治者的意愿。假如一个按照民主的原则组成的政府不遵照大多数人的意愿执政，人们不用打内战就可以将它推翻，并将那些受到大多数人拥护的人推到政府的执政地位。民主的国家体制中的选举机构和议会就专司此职，它们使政府的更迭得以平稳、无摩擦、不用武力以及不流血地加以完成。

九　暴力论的批判

18世纪民主的先驱者们在宣传民主思想时曾经援引当时的社会实例，他们指出，诸侯和大臣们的道德堕落败坏，不可救药，而人民却是美好、纯洁和高尚的，人民具有智力上的天赋，他们总是能够识别和贯彻正确的事物。实际上，这种宣传同宫廷中的谄媚者吹捧诸侯君王具有美好、高尚品德的做法别无二致，毫无意义。人民是单个公民集合而成的整体，每个公民就其个体而言，其聪明才智和品德高尚与否尚且参差不齐，那么由这些参差不齐的个体组成的整体势必是有差异的。

人类以过高的期望跨进了民主的时代，自然他们就会很快感受到失望的痛苦。人们不用费多大周折就发现，原来民主也会犯错误，其错误至少与君主制和贵族统治的错误一样多。他们将那些通过民主程序选举的政府最高领导人与皇帝和国王任命的政府首脑加以比较，其结果丝毫不那么有利于新的当权者。法国人习惯说的一句成语是：嘲笑能杀人。现在，民主以及民主推选的国家首脑四处被人嘲笑。旧政府的首脑人物至少在外表上给人以高尚的印象，而取代他们的新人却因其行为举止而遭到人们的蔑视。自从德国和奥地利的皇帝被推翻后，社会民主党的领袖们上台掌权。他们的言谈举止充满了空洞无物的吹嘘以及愚不可及的虚荣，没有任何人比这些人给民主带来的危害更大了。

无论在哪里，凡是在那些民主掌舵的地方，都迅速出现了全盘否定这种制度的理论。这种理论声称：多数人的统治是毫无意义的，还是应当由最优秀的人来统治国家，尽管最优秀的人是少数人，但他们最有治国之才。种种迹象越来越清楚地表明，各种不同的反民主流派的追随者的人数呈有增无减之势，民主推举的最高领导人表现得越拙劣，人们对他们的蔑视心理就越强烈，因此，反对民主的人数就越多。

然而，反民主的理论有着严重的思维缺陷。究竟什么是最好的或最好的一批人？没有评判标准。波兰共和国的人民把一位钢琴演奏家推选为国家首脑，因为波兰人民认为他是当代最优秀的波兰人。实际上国家领导人必须具备的素质无疑与一位音乐家必须具有的素质大为不同。我们大概可以把反民主人士常常挂在嘴边的"最好的"这一表达方式理解为：最好的，就是指那些最适合从事政府领导工作的个人或若干人，尽管他们也许不太懂得音乐或对其他事情不那么在行。但是，同样的政治问题仍没能得到解决，即究竟谁最适合？是迪斯雷利最适合？还是格拉斯通最佳？托利党人看中的是这位，辉格党推举的是那位。如果不让大多数人来选择，那么究竟由谁来作最终的决定呢？

这里，我们触及所有的反民主理论的一个共同的核心问题，不管这些理论是来自贵族阶层的遗老遗少，还是出自世袭诸侯的追随者，或是来源于工联主义、布尔什维克和社会主义者，这个核心问题就是暴力论。反民主的理论主张少数人有权使用暴力夺取国家权力，从而达到统治大多数人的目的。他们认为，这种做法有其道义上的理由，因为这些少数派真正理解统治的力量。评价某人是不是最佳人选，主要看他是否具有独立的统治能力、指挥能力和号召力，看他是否具有敢于违背大多数人的意志奋勇向上，从而出人头地，成为统治者的胆识和本领，如此等等。在暴力这个问题上，无论是法国工联主义行动派理论，鲁登道夫和希特勒的理论，还是列宁和托洛茨基的理论，都具有惊人的一致性。

人们可以用不同的理由来驳斥这种理论，也可以根据个人的世界观、宗教信仰提出有力的论据，作出各种不同的判断和评价。在这个问题上几乎无法达成统一的认识。我们也不可能逐一分析和解释这些不同的观点，因为这些观点大都是无关紧要的。研究民主的基本观点，对于我们分析这个问题具有决定性的意义。

少数人认为他们有权使用暴力，借以成为高居他人之上的统治者。如果这一主张占据上风，就会造成永无休止的内战。而内战与我们如今实行的社会劳动分工是水火不相容的。现代的劳动分工经济需要以持久的和平作为保障。如果我们面对着持续内战和无休止的内部争斗，那么我们就不得不将劳动分工倒退到至少以地区经济为单位的水平，甚至倒退到以村镇为单位的自给自足的经济水平。也就是说，在商品输入被切断的情况下仍可以独立维持食品供给。它意味着生产力的巨大倒退，也意味着地球只能养活现有总人口的一小部分。反民主的思想体系要使人们退回到中世纪的经济秩序里去，每座城市、每个村寨，甚至每所独立的住宅都是设防的堡垒，它们均可在紧急情况下实行自卫防御。而且每个地区的经济都必须尽可能地自给自足，以减少对其他地区的依赖。

民主主义者也同样赞成让那些最优秀的人来统治国家。但是他们主张：个人或某些人要想证明他们是合适的统治者，最好的方法是说服人民，使人民自觉自愿地把管理政府的任务交给他们，绝不能用武力迫使人民接受他们的要求。如果其能力、品行和诸如此类的条件和理由不足以说服人民，而且不足以赢得人民的信任，那么他们就没有理由抱怨人民没有选举他们，而是推选了一些其他的候选人。

毋庸讳言，现实生活中，那些背离自由主义的民主原则，依靠欺骗和诱惑上台掌权的现象是有的，而且为数不少。此外，还有一些聪明睿智的人，当发现自己的人民或全世界人民在通往毁灭的道路上徘徊，而他们此时又没有力量说服人们接受其正确的思想，而允许他们采用的方法又不足以解决问题时，他们就会产生一种采取断然措施、拯救全体人民非我莫属的念头。此时此刻，强人政治、暴力统治以及少数派掌权的独裁主张就会冒头，而且可以立即找到其支持者。但自由主义认为，暴力从来就不是解决危机问题的手段。少数人的专制独裁永远不会持久，即使他们成功地使大多数人相信了他们统治的必要性，或至少让人相信他们的统治带来的好处，其统治也不会持久。为了保住他们的统治地位，最终还是不得不使用暴力。

历史给我们提供了肆无忌惮地使用武力政策不能长期维持统治的例子。这里仅列举一个最近发生的，也许是人们最为熟悉的例子，以便加深对这一问题的理解：当布尔什维克夺取了俄国政权时，他们仅仅是人民中的少数派，其纲领也只得到了极少数俄国人民的赞同，大多数人对他们的土地社会化纲领并不感兴趣。那些被布尔什维克称为"贫农"的农民唯一想干的事情是瓜分地主的土地。恰恰是这个由农民，而不是由马克思主义领袖提出的土改纲领得到了贯彻实施。列宁和托洛茨基不但承认了农民的土改纲领，而且还将这一纲领变成了他们自己的纲领，借以团结一切力量来保卫政权，保卫他们自己，借以抵抗国内外敌对势力的干预与进攻。这一举措使布尔什维克赢得了大多数俄国人民的拥护和支持。自实行土改以来，布尔什维克没有以违背大多数居民的意愿的方式，而以赞成和支持他们的方式实行统治。布尔什维克面前只有两种选择的可能性：要么接受农民的土改纲领；要么放弃政权。他们选择了前者，因此保住了政权。第三种可能——以武力压制广大农民的意志，强行贯彻自己的纲领——是根本不存在的。布尔什维克同那些意志坚定、组织严密的少数派一样，采用暴力成功地夺取了政权，并且已将其统治维持了一段时间。但从长远观点看，他们的政权也会与其他少数派掌握的政权一样，不可能维持得太久。在俄国，形形色色的"白色"行动均以失败告终，究其原因，是因为这些行动违背了广大俄国人民的意愿。即使这种"白色"行动有一天终获成功，其胜利者也必须尊重人民的意愿，他不可能改变土改的既成事实，不可能把被剥夺的财产重新还给地主。

只有那些得到被统治者拥护的人才能长期执掌政权。谁要想按照他的意志统治世界，他就必须力求用智慧争取统治权。那种违背人民的意愿，企图长期维持一个人民拒绝接受的制度的做法是绝对行不通的。那些企图以战争的方式、使用暴力夺取政权的人，最终是注定要失败的。暴力夺权、挑动战争，其后果与人民推举的坏政府造成的不良后果相比较，前者造成的危害要远远大得多。违背人民的意志，同时又要他们感到幸福，这是绝对不可能的事情。

十　法西斯的批判

尽管自由主义思想在任何地方都没有得到全面贯彻实施,但它却在19世纪里成功地使它的几个最重要的原则得到了人们无可争辩的认同。在1914年之前,即使那些最冥顽不化、最尖刻的反对者也不得不允许自由主义的一些原则发挥效力。俄国是自由主义的光芒照耀不到的地方,但沙皇专制政权在迫害它的反对派时,不得不顾忌欧洲自由主义者的舆论。在第一次世界大战期间,交战国对其国内的反对派无论多么残酷无情,但它们在镇压对手时也不得不作出某种程度的节制。

但是,当马克思主义的社会民主党掌握政权后,他们便认为自由主义和资本主义的时代已经结束了。于是,他们立刻抛弃了对自由主义意识形态的最后一丝顾忌。这些第三国际的政党在斗争中为达到其目的,无所不用其极。凡是没有表示无条件赞成他们的观点,凡是没有声明他们唯一正确并敢于同他们争长论短的人,均要被判处死刑,第三国际毫不迟疑地将他们及其家属,甚至未成年的孩子统统斩尽杀绝。所有这一切都发生在第三国际的统治区域之内以及在他们的势力所能及的地方。

毫无顾忌地灭绝反对派,以执行公务的名义进行谋杀。第三国际的这些所作所为引起了一场抵抗运动。除共产党以外,自由主义的反对派们如梦初醒,他们直到此时一直相信,即使与一个他们最痛恨的敌人作斗争也应当顾忌自由主义的某些原则,不论他们多么不情愿,但也不得不将诸如谋杀之类的手段从他们的战斗纲领中删掉。他们在对撰写敌对文章以及发表不同言论的人进行迫害和压制的时候,不得不有所收敛,有所限制。现在他们总算看清楚了,眼前的对手不留情面,无所不用其极。第三国际的敌人——军国主义者和民族主义者觉得他们自己受了自由主义的欺骗。他们认为：之所以无法对革命党施加打击，就是因为自由主义者碍手碍脚。假如没有自由主义的阻碍，他们早就把革命运动的萌芽淹没在血泊之中了。他们一再后悔地说，正是由于这种忍让，这种多余的顾忌，才使革命的思想得以扩散，得以发展。他们还认为，自由主义的原则削弱了他们的力量，假如几年前就想到对革命运动的任何企图均实施无情镇压，那么第三国际就不会取得自1917年以来的这些成功。如果真要打起来，他们自己就是最好的枪手和熟练的刀剑手。与第三国际的杀手相比，他们觉得自己毫不逊色。

这种反对第三国际的运动一般被称为法西斯主义运动。在众多的国家之中，意大利的法西斯运动组织最为严密，来势最为凶猛。法西斯运动的基本思想是以其人之道，还治其人之身，在反对第三国际的斗争中，他们要像其对手一样，采用同样的手段，无情地消灭对手。第三国际对待它的敌人以及敌对思想所采取的灭绝手段与卫生员消灭细菌一样。在斗争中，任何条约和协议对自己均无丝毫的约束力，可以撒弥天大谎，可以造谣中伤，甚至允许犯罪作恶。法西斯主义者也将照搬并实行这一套斗争方法。他们之所以还没有完全摆脱某些对自由主义观点的顾忌，之所以尚未完全背离某些传统的道德准则，那是因为他们的运动是一场群众运动，他们尚不能将群众头脑中对几个世纪以来文明发展的记忆一下子全部清除殆尽。此外，还因为意大利人与乌拉尔山脉两边的野蛮民族的文明程度不同，乌拉尔山脉两侧的民族，就其文明程度而言，无异于森林或沙漠之中的强盗，他们不断地对文明国家进行抢劫和掠夺，借以获取他们所需要的东西。这些区别使法西斯主义者不能像俄国的布尔什维克分子那样行事，不可能完全摆脱自由主义思想的影响。只有当苏维埃的追随者进行新的谋杀，犯下新的暴行，造成新的刺激时，德国人和意大利人才会摆脱传统的法律和道德的制约，进而采取针锋相对的、流血的敌对行动。法西斯分子以及与法西斯相似的政党所作所为是由于对布尔什维克分子和共产党行为的愤怒而引起的反应和冲动行为。如果这种愤怒逐渐平息,那么法西斯的政策就会逐渐进入较温和的轨道,而且预计还将日趋温和。

传统的自由主义观念深入人心,其影响力是造成这种温和的事态发展的原因。但是,无论这种温和的趋势发展得多快,走得多远,我们都不能无视这一事实,即右翼政党向法西斯政党过渡的策略表明,它们已在反对自由主义的斗争中获益匪浅,而这一事实在不久前人们都还认为是不可思议的事情。相当多的人赞同法西斯分子所作所为。究其原因,虽然法西斯政党的经济、政治纲领是反自由主义的,其政策是干预主义的,但它还远没发展到推行一种毫无意义的、毫无节制的毁灭性政策的地步,它也没有像共产党那样被打上人类文明的最凶恶敌人的标记。有许多人已经清楚地看到了法西斯经济政策所带来的种种祸害,但他们都认为,与布尔什维克主义的苏维埃主义造成的祸害相比,法西斯的祸害至少要小一些。大多数公开或暗地的追随者以及钦佩者正在为法西斯的迅速崛起而欢呼雀跃。

毋庸置疑,在武力进攻面前,人们必须用武力保卫自己。在使用武器对付布尔什维克的武器时,如果杀戮弱者或无辜,那就大错特错了。自由主义者从不赞成这种行为。自由主义的策略与法西斯主义的策略这两者之间的区别不在使用武器来抵御武装进犯方面,而是对暴力在权力斗争中的作用的基本估计上。法西斯主义的对内政策即将造成的最大危害是笃信暴力的决定性作用。它认为,要想谋取胜利,必须持久地使用暴力来贯彻其主张,这是他们的最高准则。如果法西斯的对手们也怀着同样的取胜心理,采用同样的暴力手段,那么会出现什么样的情况呢?那就会导致内战和战乱,最终强者称霸。久而久之,那些少数派——其中也不乏精明干练、能力很强的人才——将无力抗御多数派的攻击。如何将他们的政党变成多数派？这是一个决定性问题，同时也是一个纯粹的精神、智力问题，这个问题只能用思想的武器去解决，永远不可能用暴力手段去解决。若想使自己的事业赢得支持者和追随者，仅靠武力是行不通的，也就是说，赤裸裸的暴力手段不可能赢得公众，使用这种手段的人是注定要失败的。

公众对社会主义者和共产主义者卑劣行径的普遍愤慨，使法西斯主义赢得了广泛的同情。如今，法西斯主义真可谓是凯歌高奏。然而，如果有一天布尔什维克的暴行给人们的新鲜印象逐渐被人淡忘的话，社会主义的纲领仍然会在广大群众中产生新的吸引力。到那时，法西斯主义者除了对社会主义思想及其传播者进行压制和迫害之外，别无他法。假如法西斯真想同社会主义作斗争，那么它必须使用思想斗争这一武器，而与社会主义作斗争唯一有效的思想武器就是自由主义。

人们常言，要想促成一个事业，其最好的方法莫过于为它制造几名烈士或殉道者。这话虽然不错，但仍不太确切。真正让受迫害、受压制的人们强大起来的方法不是让他们以殉道者为榜样慷慨赴义，而是使用武力去镇压他们。武力镇压与运用思想武器是两种截然不同的方法，其效果恰恰相反。武力镇压往往是自身虚弱和无能的表现，因为他们拿不出比对方更好、更富有成果的思想武器。这一根本性的错误最终将会导致法西斯主义在一些国家的胜利仅仅是围绕着私有财产问题的一系列长期斗争中的一个偶然事件或一个插曲。下一个插曲将是共产主义的胜利，但是，最终决定斗争胜负的不是武器，而是人的思想。正确的思想可以将人们组织起来，告诉他们应该用手中的武器向谁开火，为谁而战。人的思想是决定斗争胜负的唯一武器。

关于法西斯主义对内政策及其方针的论述就到此为止。法西斯主义笃信武力的外交政策将在国与国之间、民族与民族之间引起一系列毫无休止的战争，从而将全部现代文明毁于一旦。这一点也是显而易见的，因此，我们无须对此作进一步阐述。保障当代经济和文化的持续发展，需要人们维护各国人民之间的和睦与和平。那种笃信武力，企图采用暴力侵犯别国人民，进而独霸世界的意识形态一旦统治了人民的头脑，各国人民之间的和平就会无法实现。

不可否认的是，法西斯主义及其类似的独裁努力完全是出于一种最良好的愿望，它此时介入了欧洲的生活，是为了拯救欧洲的文明。法西斯主义在这方面所作出的贡献将永远载入史册。但是这种政策并非能保证长期取胜的良策。它仅仅是一种符合眼前利益的权宜之计，任何超出这一范围的过高估价都是极其错误的。

十一 政府作用的极限

自由主义认为，国家机器的任务只有一个，这就是保护人身安全和健康；保护人身自由和私有财产；抵御任何暴力侵犯和侵略。一切超出这一职能范围的政府行为都是罪恶。一个不履行自己的职责，而去侵犯生命、健康，侵犯自由和私有财产的政府，必然是一个很坏的政府。

然而，雅各布·伯克哈特却认为，权力本身就是个坏东西，不论谁行使它都不会有好的结果。权力会导致滥用。不但那些独裁君主和贵族滥用权力，而且黎民百姓也很容易出现越轨行为，他们也会滥用民主政治体制赋予他们的权力。

美国禁止从事酒精饮料的生产和贸易。虽然其他国家还没有像美国那样对酒精饮料采取严格的限制，但几乎所有的国家都禁止鸦片、可卡因以及一些类似毒品的销售。人们普遍认为，禁毒缉毒是国家立法和行政部门保护个人的一个重要职责。甚至连那些反对扩大政府职能范围的人也觉得，国家在这方面采取限制个人自由的措施是完全正确的。只有那些失去理智的教条主义者才会反对这种禁令。国家在这一方面干预个人生活的举措得到了广泛认同，甚至连彻底的自由主义反对派也引经据典地论证实行这种禁令的必要性，而且由此推论出个人的全面自由是个罪恶的结论。因此，他们还认为，国家有必要对个人自由实行约束和限制。但是，问题不在于政府是否应当限制个人自由，而在于这种限制究竟要达到什么程度为止？

所有的毒品都有害于人身健康，这是显而易见的。关于饮用少量酒精和滥用酒精对人身健康的危害程度的争论，也不是本书研究的范围。有一点是可以肯定的，即酒精、可卡因、吗啡是危害人们生活、健康、工作和消遣的最危险、最可怕的敌人。所以功利主义者把消费毒品称为罪恶的习惯。但这还远远不能证明国家是否必须采用禁止贸易的手段来压制这种罪恶的习惯，它既未证明国家干预是不是抵制这种罪恶的最适合、最有效的手段，也没说明假如国家的干预获得成功，是否还会带来比酒精和吗啡更危险、更恶劣的其他后果。

对于那些了解吸食毒品以及过量吸食毒品的严重后果的人而言，即使国家不限制毒品的生产和贸易，他们也不会消费毒品，他们仍会过着节制有度的生活。但问题在于，是否应当由国家采取措施，迫使那些不愿意或缺乏足够克制力的人也过上一种节制有度的生活？我们认为，这个问题不应当由那些有理智而且认识到酒精、吗啡和可卡因的危害性的人来回答。这是因为：大多数居民如果拥有规定少数人的生活方式的权利，那么他们就永远不可能阻止毒品泛滥。人们难免会问：为什么不禁止诸如尼古丁之类的毒品呢？为什么国家不规定食品的消费种类？为什么国家不明文规定哪种食品可以食用，哪些食品对人体有害，必须禁止食用？同样，在体育运动方面，也有许多人爱干一些力所不及的事情，为什么国家不干预？性生活也如此，在现实生活中，只有极少数人的性生活是节制有度的,让那些年老体衰的人停止性生活,或让他们至少在这方面节制一些则显得尤为困难。国家是否在这方面也应采取干预措施呢?许多人还谈到,那些不良文章和读物的危害比所有的毒品都大得多,难道还要继续听任那些迎合人们低级下流的本能、毒害人们灵魂的出版物畅行无阻吗?难道应当让那些伤风败俗的图片继续泛滥,让那些肮脏的话剧继续上演吗?一言以蔽之,难道还要让那些诱导人们不道德的东西招摇过市吗?难道还要允许那些谩骂的话语和诽谤的文章来葬送人们对上帝和教会的敬畏吗?我们明显看到,一旦我们放弃了不允许国家机器干涉任何私人生活的原则立场,那么国家势必会对个人生活的每个细节制定规则,实行限制。个人自由就会因此被剥夺,个人就会变成集体的奴隶,成为多数人的奴仆。人们不难想象,如此之大的权力,一旦它被居心不良的当权者滥用,会导致多么恶劣的后果。这种权力即使被那些品德高尚的人掌握,也会使世界变成一个鬼神的墓地。人类的进步大都是通过以下方式实现的:即从一小部分人偏离大多数人的思想和生活习惯开始,直到他们的行为最终得到大多数人的认同和接受,从而形成了人的观念和生活方式的更新。如果将权力赋予多数人,让他们规定少数人可以想什么,可以谈什么,可以做什么,那么,人类的一切进步都会就此中止。

　　人们并不否认,禁止吗啡一类的毒品与反对"不良书刊"是两种迥然不同的事物。其区别在于,前者得到了大多数人的支持和拥护,后者则不然。美利坚合众国的方法论者和基础论者正是趁开展禁止酒精运动之机开始了他们迫害进化论者的行动,在美国的一些州,他们成功地将达尔文主义者逐出学校的大门。苏维埃俄国则压制任何言论自由。一本书能否出版,完全取决于那些既无教养又无文化的狂热分子的主观臆断,这些人充斥了政府领导部门,他们大权在握,说一不二。

当代人有一种唯命是从的倾向，只要某事不合心愿，就指望上级颁布禁令。虽然他们并不完全赞同禁令的全部内容，但也乐于贯彻执行，不敢越雷池半步。这些事实表明，奴性意识根深蒂固。要想将奴仆意识转变成公民意识，需要人们进行长期的自我教育。一个自由的人应当容忍他人想其之不想，为其之不为。应该克服那种只要是他觉得不妥当事情就打电话报警的习惯。

十二　宽容

自由主义完全是一种关于人类生活以及人类相互合作与交往的学说。宗教王国则是超脱尘世的。自由主义与宗教这两者可以互不干扰地并存下去。如果两者之间发生了冲突，责任不在自由主义一方。因为自由主义既未超出自己的领域，又未侵入信仰和世界观的范畴。但是，自由主义认为教会是一个政治权势集团，教会不但要调整人与来世之间的关系，而且还力图按照他们的观点来安排尘世间的事情。双方在这个问题上的冲突在所难免。

自由主义在与教会的冲突中获得了巨大胜利，教会不得不永远地放弃了数千年来一直牢牢掌握在其手中的权力。如今，焚烧异教徒的火刑，宗教法庭的迫害以及宗教战争已成为历史的陈迹。今天的人们无论如何也无法理解，居然曾经有人把那些在空空的四壁之内虔诚地为自己的信仰祷告的人拖上法庭，监禁、拷打，甚至施以火刑将其活活烧死。虽然如今再也没有人去点燃焚烧异教徒的火刑柴堆，但那些不宽容的现象却比比皆是。

自由主义毫不妥协地反对任何不宽容的行为。如果人们在人类的和平合作中发现了社会发展的目标，他们就不会容忍牧师和宗教狂破坏和干扰和平。自由主义声明，它对每一种宗教

第一章 自由主义政策的基础

信仰以及每一种世界观均持宽容态度。自由主义之所以这样做，并不是因为它对这些"高级玩意儿"抱着无关紧要、漠然置之的态度，而是因为它坚信：保障社会内部的和平与和谐是高于一切的头等大事。自由主义主张容忍一切不同的意见，容忍所有的教会与教派，同时，自由主义者也要求这些人约束自己的行为，避免一切不容忍其他人或其他教派的现象和越轨行为。教会甚至提出了由它来包揽青少年的学习和教育的要求，在一个以和平合作为基础的社会制度里，教会的这一要求是非分的，因此也是不可能满足的。自由主义认为，在信徒自愿的前提之下，教会可以做它想做的一切事情，保留一切它应当拥有的权利。但是，绝不允许教会强迫那些不愿与它发生任何关系的人服从它的意旨。

自由主义的这些基本原则在教会及其信徒中引起了令人难以置信的仇视心理。实际上，这些原则虽然使教会无法利用自己的力量，或借助国家机器的力量迫使人们皈依它们，但它在另一方面也保护了教会，使它避免了来自其他教会及教派的强制宣传和干预。自由主义拿走了教会的一部分权力，但从另一方面却还给它了另一部分权力。即使那些狂热的宗教信徒也不得不承认，自由主义并没有剥夺他们信仰中的任何东西。

那些在某一地区占据上风，并且乐而不疲地迫害异教徒的教派也纷纷要求在其势力所不及，或仍处在少数派地位的地区多一点宽容。它们的这种要求与自由主义主张的宽容毫无共同之处。自由主义主张宽容是出于原则，而不是为了投机。它要求人们对那些毫无意义的理论、学说，对那些荒唐可笑的假教义以及对那些天真愚笨的迷信持宽容态度，即使对那些它认为有害社会、使人堕落的学说或看法，人们也应予以容忍。自由主义主张宽容，并不是因为它赞成这些学说的内容，而是基于它对宽容的认识。自由主义认为：只有宽容才能创造并保障社会的和平与和谐；没有和平，人类就会倒退到很久以前的野蛮和贫困时代。

自由主义利用思想武器反对愚昧和无知，反对谬误和邪恶，而不是采用野蛮的暴力和压制手段。

十三　国家与反社会的行为

国家是一部强制和镇压机器。它的这一功能既适用于"值夜班的国家"，也同样是其他类型的国家，尤其是社会主义国家的共同特性。一切与国家有关的事物都与强制和暴力密切相关。镇压一切危害社会的行为是国家的主要职责。在社会主义制度下，除上述职能之外，国家还拥有生产资料的所有权。

讲求实际、富有逻辑性的罗马人在一束木棒中插一把大斧作为国家权力的象征。自命为哲学的晦涩的神秘主义为了掩盖事情的真相，夸大国家的功能，他们在近现代对国家的吹捧达到了登峰造极的地步。谢林认为：国家是绝对生活的最直观、最明晰的图像，是至高无上的世界灵魂显示的一个阶段，国家为其存在而存在，国家的作用就是为了保护其存在这一核心。黑格尔认为：国家是绝对理性的体现，客观精神只有在国家中才能得以实现。国家是向有机现实前进的一种合乎道德的精神，是现实和道德思想的一种公开的、明晰的物质意志的体现。在神化和崇拜国家方面，唯心主义哲学的徒子徒孙们比其先师更有过之。他们深受这种学说的诱激，其言论越来越远地背离了真理。例如，尼采把国家称之为一切庞然大物中最冷酷的庞然大物。其实，国家既不冷，也不热，它只是一个抽象的概念，在国家这一概念的名义下，是一群活生生的人在操纵着国家机器，处理政府事务。一切国家行为都是人的行为，人为的弊端给人造成了痛苦。维护社会的这一目标使国家机关的行为具有合法性，但由此带来的弊端并不因其合法性而不能称其为弊端，深受其害的人最能感受到弊端的存在。

与人为恶的人，不但给他人造成不幸，而且也损害了他自己。没有什么东西比法律的贫乏给人们造成的损害更大了。黎民百姓心中充满了恐惧感、奴役感和奉承心态，而统治者和他们的听差们则充满了自信、自负和骄傲自大感。这两种心态都是社会生活的毒素。

自由主义试图消除国家官员与公民两者之间的关系中存在的毒素。自由主义者并没有亦步亦趋地跟在浪漫主义者身后去庇护那些违法乱纪的反社会行为，也不愿学他们那样去控诉法官和警察，控诉社会制度的不公正问题。自由主义者坚信：国家权力和刑事法庭是社会在任何情况下都须臾不可缺少的机构。但是，他们还认为：刑罚的目的只有一个，即尽最大可能地制止和排除危害社会的行为。刑事处罚不应当成为报复和复仇的工具。犯罪作恶的人应该落入法网，受到法律制裁，但他们不应当成为法官、警察以及某些有私刑拷打欲的民众发泄其仇恨，满足其虐待欲的对象。

建立在"国家"的合法性基础之上的强制暴力的最恶劣表现是：为了达到获得大多数人的支持的目的，持续不断地压制那些萌芽之中的新生事物。人类社会离不开国家机构。但是，人类社会的一切进步都不得不在克服了国家以及国家的强制暴力的阻碍之后才能得以实现。毫不奇怪，所有给人类带来新思想的人都对国家和法律没有好感。为此，他们受到了那些不可救药的国家神秘主义者和国家主义的崇拜者的责难和抱怨。尽管自由主义不一定赞同这些人的"新思想"，但它却能理解他们。如果他们的政治倾向超出了自由主义可以理解的范围，譬如他们过于夸大个人权利，甚至反对国家、拒绝国家，那么，自由主义就会反对他们的做法。自由主义认为：暴力反抗是打破少数人压迫大多数人这一局面的最后手段，借助其思想获得政权的少数人必须始终如一地致力于利用思想的力量使自己变成多数。国家在行使其权力时必须保障个人在法律允许的范围之内的充分自由。公民的权利不能被限制在这样的范围之内，即当他们的想法与操纵国家机器的那些人的想法不一致时，他们只有一个选择：要么服从，要么摧毁国家机器。

第二章 自由主义的经济政策

一 国民经济的组织

在实行劳动分工的社会里,人们对劳动的分工与协作方式提出了各种不同的设想。我们可以将这些设想区分为五种不同的社会组织形式:其一是生产资料的私有制,人们可以将发达的私有制形式称为资本主义制度;其二是在私有制前提下,定期地没收私有者的财产并对其实行再会分配的社会制度;其三是工联主义制度;其四是生产资料的公有制,这种制度以社会主义或共产主义的名称闻名于世;其五是干预主义制度。

生产资料私有制的历史悠久,它贯穿于人类从动物状态向现代文明的高级阶段的全部历史发展过程之中。私有制的反对者力图证明,人类社会的最初阶段并不存在着完整的私有制,因为一部分可利用的耕地被周期性地再分配。他们企图从私有制"仅仅只是一个历史范畴"这一论断中推导出消灭私有制无害的结论。他们这种论证的逻辑错误太明显了,以至于我们无法就此问题与他们作进一步探讨。在远古时期的社会合作中尽管还没有财产的私有制度,但这一事实丝毫不能说明人类在进入较高级的文明阶段后仍然没有财产的私有制。如果历史能够在这个问题上证明什么的话,那么它仅仅说明:任何一个民族都不可能在没有私有制的前提下从严重的贫困从及半动物的蛮荒状况下崛起。

早期的生产资料私有制的反对者们所反对的并不是私有制本身，而是反对财富分配不公现象。为了消除收入和财富分配的不公，他们建议定期对财产实行重新分配，或至少对他们所处的时代最引人注目的生产资料——土地进行重新分配。至今在那些以从事原始农业生产为主，经济、文化尚不发达的国家里，平均分配、平均主义的思想依然十分盛行。人们习惯地将这种主张称为农业社会主义，实际上这种称呼并不确切，因为这种思想和主张与社会主义毫无关联。首开社会主义先河的俄国布尔什维克革命并没有在农村实行将土地变成公有财产的社会主义，而是实行了把土地平均分配给农民的农业社会主义。在其他大部分东欧国家，借土地改革的名义将大农场主的土地分配给农民，是具有相当影响力的一些政党追求的理想。详细地分析和研究这样的制度显得有些多余。几乎没有人否认，实行这种改革的唯一成就就是减少了农业收成。只有在那些农业生产方式尚处在原始状态的地方，这种改革所导致的生产率下降的现象才不至于发生。人们承认，摧毁一个拥有现代化设施的农场是一种毫无意义的行为。在工业和交通领域照此方法实行平均分配则更是不可思议，因为一条铁路、一座钢厂和一个机器制造厂不可能被拆卸开来。只有在人们要把建立在不限制私有财产基础上，并且实行劳动分工的国民经济摧毁，使之倒退为自给自足的农庄经济时，才能向定期实行财产分配的方向迈进。

工联主义者企图将平均分配财产的主张引入现代化的工业社会中来。工联主义者既不想把生产资料平均分配给个人，也不愿将它交给社会，而是要将它分配给在有关企业或生产部门中就业的工人。① 由于不同的生产部门情况差异很大，人与物的生产要素的结合情况各不相同，采用这种方法绝对不可能实现财产分配的公正化。假如按照工联主义的主张分配生产资料，那么从一开始某些生产部门的工人就会比其他部门的工人分得更多的财产。我们不妨分析一下实行这一方案必然导致的问题和困难。在经济生活中，常常有必要将资本和劳动力在不同的生产部门之间进行转移。按工联主义的办法，我们怎么能够将某一生产部门的资金抽调到另一个生产部门，以使后者得到更多的资金配置呢？或者还可以把工人抽调到另一个生产部门，从而使后者的人均资金占有量变少吗？资金和劳动力在这种情况下根本无法进行转移，这一事实证明工联主义的主张荒谬到了极点，而且毫无任何社会意义。我们假定，在某一社会团体上建立一个有权实行这种转移的最高权力机构，那么，出现在我们面前的再也不是工联主义，而是社会主义。事实上，工联主义的主张如此荒谬，以至于只有那些看不清事物本质、头脑混乱的人才会赞同他们的原则。

社会主义和共产主义是一种社会组织形式。在这个社会组织内，一切生产资料的所有权和使用权都属于社会共有，由一个类似强制机器的国家来支配它们。至于是否按照平均主义原则或其他的什么方法分配红利的问题，对我们评价社会主义是无关紧要的。此外，社会主义国家机器是否占有一切生产资料和财富，并由国家分配给各个企业管理，或将财产交给名义上的所有者管理？或者按照社会化的原则，一切"所有者"只有权按照国家

---

① 有些人将工联主义视为社会理想和奋斗目标，但法国工联主义者"直接行动派"组织却把工联主义当作他们在统一工人联合会中的斗争策略。这两者之间有很大区别，不能混淆。将工联主义作为斗争策略的人既可用来为实现工联主义的社会理想服务，也可以借此达到与工联主义的理想毫无关系的其他目的。例如，法国工联主义者当中的一部分人就在利用工联主义策略去争取达到社会主义的目标。

下达的指令使用他占有的生产资料？诸如此类的问题，对于分析社会主义也不具有决定性的意义，假如由政府决定生产什么？怎样生产？向谁出售？以什么价格出售？那么，在这个社会里只剩下了一个名义上的私有财产，事实上一切财产都已经社会化了。在这种情况下，经济生活的驱动力再也不是企业家或财产所有者的赢利动机，而变成了被迫履行自己的义务和被动地服从上级的命令了。

最后，我们再来谈谈干预主义。现在有一个流传甚广的观点，即干预主义观点。干预主义认为，在社会主义和资本主义两者之间还存在着社会组织的第三种可能形式：即通过来自上级的垂直命令（即干预）手段，对私有制实行调整、控制和领导。

有关对财产实行周期性再分配的学说以及工联主义的主张，我们在下文不再提及。无须对这两种体系进行进一步分析，现实生活中也不会有任何有分量的人物支持它们。我们只打算研究社会主义、干预主义和资本主义等问题。

二 私有制及其批判者

人的生活并非充满了幸福，地球并非天堂。社会组织对此并没有罪过，但是人们却习惯于将责任归咎于它，我们的文明以及一切文明的基础是生产资料的私有财产制度。那些想批判现代文明的人，都是从批判私有财产制度入手。一切使批评家不满意的东西，全都是因为私有制造成的，特别是那些恰恰从根本上是因为人们人为限制和压制财产的私有制，导致它无法发挥全部的社会影响的恶劣现象，也被说成是私有制的过错。

批判家惯用的手段是给人们勾画出一幅图景：如果按他们的设想去做，一切都会变得美轮美奂。他们把自己装扮成世界上无所不能的主宰者，把别人的愿望说成这恰恰是他们自己也追求的愿望，借此从思想上抹掉一切与其他人的不同之处。每个为强者鼓吹权益的人，也觉得自己是强者；每个赞同奴隶制的人，他从来也不曾想到，他自己本人也可能会变成奴隶；每个迫使他人做违心事的人，都是为了针对别人而不是他自己；那些鼓吹寡头政治的人，他本身也属于寡头政治家；谁热衷于开明专制或独裁统治，他就会毫无自知之明地幻想着自己扮演一个开明专制君主或独裁者的角色，或者幻想自己能够成为专制君主的君主，独裁者的独裁者。就像没有任何人愿意将他自己置于弱者、被压迫者、被强奸者、无任何特权，甚至是没有任何权力的仆人的位置一样。同样，那些主张社会主义的人是想要担任社会主义里的总经理或总经理的上司这一角色，而不是社会主义本身或别的什么。社会主义的梦想告诉人们：没有任何其他的东西比生活在这种制度下更美好了。

一些文献为了证明这些白日梦想家的梦想合情合理，创造出一个对利润率和生产率进行比较的固定格式。这些文献的作者指出：资本主义社会制度与理想的社会主义制度截然不同，一切背离社会主义理想的事物都是落后的、非建设性的。私有制经济不能适应国民经济中高度发达的生产力。这个论点长期以来是针对资本主义制度的最严厉的抨击要点。直到最近几年人们才越来越清楚地认识到：在我们所论证的大部分情况中，社会主义公共团体与资本主义公共团体的处事方法别无二致。即使在那些事实上存在着两种社会制度的矛盾和冲突的地方，社会主义制度也必须毫不迟疑地实行在资本主义制度中已被证明是正确的原则，现实生活告诉我们，一些人背离这些正确的原则，导致了失败，但他们依然把这些失败变成批判、控诉资本主义社会制度的理由。生产率的概念逐渐变成了主观意识，它永远也不能成为客观批判的出发点。

那么，这些白日梦想家的冥思苦想究竟是什么？进一步探讨这个问题没有什么价值。总之，在他们梦想的世界里，所有的人都充满了工作热情，具有服从感和献身精神，准时、准确无误地执行他的命令。但问题是，怎样才能让这个梦想在活生生的人类社会中实现呢？那种简单统计及计算得出的假设——一旦将资本主义多年来创造的经济成果进行平均分配，就可以满足全社会所有成员的需求，并可以保证足够每个人生存的需要——是完全错误的。社会主义不可能通过这种途径来达到明显提高广大居民生活水平的目标。他们向所有人许诺的财富和优裕的生活，只能在社会主义制度下的劳动比资本主义具有更高效率，而且社会主义制度能够节省大量的多余和非生产性开支的前提条件下才能实现。

　　首先，我们来思考后一个问题，即取消一切生产和推销商品所需的花费，也就是由于竞争以及做商品广告造成的开支。很明显，在社会主义制度下不存在这方面的开支。但是，人们不要忘记，即使在社会主义条件下，它的分配机构所需的开支也不小，也许比资本主义制度中的竞争和广告推销费用更大。然而，对此类支出的意义的评价并非决定性的。社会主义者毫不犹豫并理所当然地假定：社会主义制度下的劳动生产率至少与资本主义的劳动生产率相同。他们试图证明，前者比后者更高。然而，事情却并非社会主义者所认为的那样理所当然。资本主义制度下的产量与生产的类型密切相关。对各种生产的单个分析表明：工人的切身利益与他正从事的那部分工作的产量有着最密切的内在联系，其意义是决定性的。只有当每个工人最大限度地使出他的力量，因为其劳动成果决定了工资收入的高低，而且每个企业家都竭力提高生产效益，即用比他的竞争对手更少的资本和劳动消费来进行生产，资本主义经济才能创造出如此之多的物质财富。那种把资本主义商品推销机构的高额开支当作攻击对象的错误做法，可以看作一种目光短浅的行为。有人指责资本主义浪费，因为在繁华的商业街上有许多领带商店，还有更多的烟草商店，他们恰恰没有看到，这些销售组织仅仅是具有极高生产效率的生产组织的最后一个环节。由于这个生产机器是私有财产，所以它取得了生产的一切进步，并且会不断取得进步。企业家唯有坚持不懈地参与竞争，假如他不能用最有效的方式生产，那么他就会被别人毫不留情地吞并或消化掉。因此，他们必须不断地改进生产方法和扩大生产规模。失去了这种刺激，生产不会进步，实施新的生产方法也不再具有其经济性。如果提出取消商品广告可以节省多少费用这一问题，那就大错特错了。人们不禁要问，如果提出取消了生产厂家的商品广告，那么究竟应该生产多少产品？这个问题是那些主张取消商品广告的人所无法回答的。

只有先工作，先生产，才能谈到消费。消费的多寡取决于工作量和生产量的大小。这是资本主义社会制度的最典型特征。因为这种制度将这一动因传递到该社会的每一个人身上，促使每个人创造出最高的生产效益，取得最多的劳动成果。而在社会主义制度中，每个人的劳动与他所得到的利益两者之间缺乏直接的联系。工作的动因不是他自己劳动所得，而是来自上级的命令，工人生产量的多寡取决于他们自己的责任感和义务感。关于这种生产组织为什么没有可行性的一个明显的证据，我们将在后面的章节中提出。

资本主义制度不断受到谴责的另一问题是生产资料的所有者享有优先权问题，即这些人可以不劳而获。如果我们从个人主义的立场来观察资本主义制度，那么，不难看出这一制度的严重缺陷。为什么某些人应当比别人过得更好？但是，如果我们不从个人角度，而是站在全社会的立场上来看待这一问题，就会发现，财产所有者只有在他对社会作出了不可缺少的贡献的条件下才能保住其舒适的地位。财产所有者只有在以下情况下才能获得的优越的地位，即他必须将生产资料投放到社会最需要的生产领域中去。假如他不这么做——或将财富储存起来——那么他就会蒙受损失。倘若他还不及时纠正或改变其做法，那么他就会毫不留情地被人从优越地位上挤下来，就再也不是财产所有者了，另外一些比他更适合这一位置的人就会取而代之。在资本主义社会中，只有那些最称职的人才能永远拥有生产资料。不管他们愿意与否，都必须不停地致力于将他们的生产资料使用到能够获得最大利益的地方去。

三　私有财产和政府

所有的政治权势者、所有的政府、所有的国王和一切共和国的国家机构都不断地从私有财产中获得财富。所有的政治权力都具有一种内在的趋势，即力图毫无节制地发挥其影响，尽可能更多地扩张其影响范围，从而统治一切。不允许他人和事物在没有统治者干预的情况下自由发展，这是每个统治者秘而不宣的目标。这种倾向与私有制完全背道而驰。私有制为个人创造了一个不受国家控制的领域，它对政府的意志加以限制，除了反对政治权力的扩张之外，它允许出现其他政治力量。因此，私有制成为所有不受国家和强权控制的生活基础，成为自由、个人自治赖以植根和获取养料的土壤，它对人类的一切精神和物质的巨大进步产生了深远影响。人们在这个意义上将私有财产称为个人发展的基本条件。然而，对这样的表述我们只能有保留地加以认同，因为个人与整体、个人主义思想与集体主义思想及其目标，甚至个人主义哲学与包罗万象的科学等之间的一般比较仅仅是一个空洞的标语而已。

迄今为止，从来没有出现过一个自愿放弃对生产资料的私有制及其自由和影响力加以限制的政治强权。政府只有在迫不得已的情况下才会容忍私有财产，但它从不主动承认这样做的必要性。即使是那些自由主义的政治家，一旦他们掌握了权力，也都会或多或少地背离自由主义的原则。压制私有财产，滥用政治权力，藐视一切国家权限之外的范畴。以上种种倾向深深地植根于统治者的心里之中，以至于使他们不愿对任何事情袖手旁观。一个自由主义的政府是一个客观存在的矛盾综合体。看来，人们不能指望通过人民共同一致的信念以及他们的说服力量迫使政府接受自由主义或使之成为自由主义政府。

人们很容易理解：在一个由一些同样富裕的农民组成的社会里，这些农民会逼迫其政治统治者承认臣民的私有财产权。每一个减少私有财产权的企图，都将在这里立即遭到所有臣民结成的统一战线的反击，从而导致政府的垮台。在一个不仅具有农业，而且具有小手工业，特别是有大企业、大工业主、矿山主和交通业所有者的社会里，事情就明显不同了。在这样的社会里，统治者完全有可能对私有财产实行干预。可以断定，没有别的任何东西比对私有财产进行斗争在政治上对政府更有好处了。这是因为广大群众很容易被煽动起来反对私有财产。因此，很久以来，一切专制君主、独裁者和暴君的思想是：与"人民"结成同盟来反对业主阶层。不仅拿破仑二世的皇权专制以恺撒主义作为统治基础，而且普鲁士的霍亨索伦王朝在普鲁士关于德国政策和宪法之争中也接受了拉萨尔的思想，即通过实行财政预算和干预主义政策，展开反对自由资产阶级的斗争，借此赢得工人群众的支持。这正是施莫勒和他的学说鼓吹的"社会君主专制"的基本思想。

但是，尽管有种种敌视和攻击，私有财产制度仍然被保存下来了。政治统治者的敌意，文学家、道德学家、教会和宗教人士的反对，群众中根深蒂固的嫉恨和敌对情绪都没有能够达到取消私有财产这一目标。那些想以其他的生产和分配方法取代私有财产的每次尝试，都总是很快就被证明是荒谬的。人们不得不承认，没有私有财产是不行的。尽管这违背了他们的本意，但还是不得不承认私有制这一事实。人们从不愿承认这一事实，即反过来重新实行生产资料的私有制的原因就在于：人类有意义的经济秩序、人类社会的共同生活如果背离了这一基础就会完全进行不下去。他们还没有决心同那些可爱的意识形态决裂，仍然认为私有财产是万恶之源，遗憾的只是目前还不能放弃它，因为人们的道德水平还没有高到这种程度。尽管这一事实不但违背了他们的意图，而且与每个权力组织的内在冲动相悖，但出于无奈，这些人只有向政府建议：顺应私有财产，但不要公开承认这一点，内心深处仍然坚持敌视私有财产的意识形态，与此同时，还要记住，这是因为政府本身还很虚弱，而且还因为考虑到强有力的富裕社会阶层的利益才不得不偏离反对财产私有制的这一正确原则。

四 社会主义的不可实行性

关于社会主义的不可实行性问题，人们常常习惯于用以下理由加以解释，即人类不具有社会主义制度下所需要的道德品质。他们认为：在社会主义制度下，绝大多数人不会像在生产资料私有制条件下那样竭尽全力地完成每天赋予他的工作任务。在资本主义社会制度下，每个人都懂得，他的劳动报酬取决于他的工作，收入的增加或减少取决于他劳动产量的大小。在社会主义制度下，每个人都会想到，他的收入并不取决于其贡献，因为他的全部工作量仅仅是全社会工作总量的一个被除数，全社会的工作总量不会因为某一个人的懒散和懈怠而受到明显的影响。如果这种令人担忧的想法成为社会的普遍现象的话，那么，社会主义社会的劳动产量就会非常明显地降低。

以上针对社会主义的种种异议是完全有根据的。但是，它们还没有涉及事物的本质。我们可以假设，如果我们有可能采用资本主义制度的经济核算方法，并用同样严格的尺度，来测量社会主义制度下每一个同志的劳动量的话，那么，社会主义的可行性就再也不取决于该制度下的每一个同志的愿望是否良好了；那么，社会就有可能计算每个同志对全社会经济活动的参与量，按其实际贡献的大小，在一定的范围内划分档次。在社会主义社会里，不可能对经济进行核算，这一点使任何社会主义都变得不可实行。

在资本主义制度下，对利润的核算有一个准绳，它告诉每一个人，他经营的企业是否可以在现有环境下有效运转，他的经营方式是否最合理，也就是说，各种生产资料的消耗是不是最低。当企业不赢利时，需要采取相应行动，将原材料、半成品和劳动力投到消费者比较急需、比较重要的生产领域中去。或为达到同样的目的采取更节约的方法进行生产（即最大限度地减少资金和劳动力的消耗）。譬如，当确信采取手工生产的方法不赢利时，这就意味着，采用机器生产的方法可以使投入的资金和劳动力产生更高的效益。在资金和劳动力的消费带来较低产出的地方，坚持采用老一套生产方法，是一种不经济、不讲效益的行为。

如果人们计划建造一家新的企业，那么，事先必须进行分析核算，这个企业是否赢利或采用什么样的方法才能有利可图。例如，若想修建一条铁路，就必须估算该铁路将达到的最大运量和它的运输能力，从而计算出是否值得把资本和劳动力投入这项工程。如果计算结果说明这项铁路工程不赢利，那么，就意味着要把本来用于修建铁路的资金和劳动力投放到其他更加需要资金和劳动力的工程中去；世界还没有富裕到能够修建这条铁路的程度。当某一项工程是否必须开始进行这一问题出现时，价格核算和利润收益的核算不但具有决定性的作用，它还监督并控制着企业家的每一步行动。

唯一使我们有可能进行合理化生产的资本主义经济核算原则是建立在资金核算基础之上的。由于市场上所有的商品和服务都具有其相应的、用货币表示的价格，所以，各种不同的商品和劳务都可以使用一个统一的计算方法。在社会主义制度下，生产资料实行公有制。这种制度不了解商品和劳务在市场上的交换规律，同样也不认识较高级别的商品和劳务的价格。因此，这种制度缺乏合理的企业经营手段和合理的经济核算手段。所有不同的商品和劳务如果没有一个共同的分母的话，经济核算就无从谈起。

有人列举了一个非常简单的例子，在进行一条铁路工程建设时，有多种方案可供选择。譬如说，在 A 和 B 之间有一座山，人们可以将铁路修在山上，也可以绕山而建，还可以挖一条隧道。在资本主义社会里，人们可以轻而易举地计算出怎样的修建方法最有利可图。首先了解三种不同线路各需的建筑费用以及每条运输线路必需的生产成本和经营成本以及它们之间的差额。从这些量的比较中可以毫不困难地确定，修建哪一条线路最赢利。类似的核算在社会主义制度下则不可能进行，因为它不可能将所涉及的各种不同的商品和劳务的质量和数量简化成一个统一的衡量尺度。社会主义制度对经济生活中通常或每天遇到的问题束手无策，因为它不具备计算、核算的手段和能力。

正如我们所了解的那样，资本主义生产方式已经经历了相当长时间的考验。仅就物质福利和人们的富裕程度而言，它使得今天的地球能够养活比资本主义早期多得多的人口。这种制度需要社会主义制度所不理解的货币核算。鼓吹社会主义的作家们的一切努力，即人们如何在没有货币核算和价格核算的情况下也能生活的论调，证明都是徒劳的。他们在这一方面的一切尝试均以失败而告终。

社会主义社会的领导者面临着一个他们无法完成的任务。他们没有能力选择并决定，在无数可能采用的生产方法中，究竟哪一个是最赢利的。这样一来，社会主义经济就会走向混乱。在这个混乱中，很快会出现不可制止的普遍贫困化现象，从而不得不倒退到我们的祖先曾经历过的原始状态中去。

社会主义的思想家们按照他们的逻辑赐给了我们一个社会主义社会制度的图景。在这个社会里，一切生产资料都属于人民的公有财产，生产管理权全部在政府——全社会的中央权力机构——手中，政府独自决定生产什么、怎样生产以及采用什么方式分配已生产好的产品，我们无法想象这个未来的社会主义理想王国是民主政体呢还是其他组织形式，再说这个问题也是次要的。即使是一个民主的社会主义国家也必须具有一个组织严密的行政官僚机构，在这个机构里，除了最高首脑之外，每个人都是行政官员和执行者，尽管从另一方面看，他也许以任何一种方式参与了中央意志的形成。我们不能把这种社会主义国家机构同过去几十年在欧洲，特别是德国和俄国出现的那种大型国家企业进行比较。所有这样的国家企业里的生产资料都不是私有财产，它们与众多的私营企业进行商品交换，而且从这些企业获得各种各样的激励，并用这些激励来促进其企业生产。例如，国营铁路接受其供应商和工厂提供的火车头、车厢、信号设备和经营工具以及其他设施等，这些设备和设施在其他的资本主义的铁路企业被证明是适用而且可靠的。从那里得到了更新设备的推动力，以适应身边和周围所发生的技术和科学的进步。

众所周知，国营企业和市政企业基本上都是失败的。由于这些企业的生产费用高昂，需要从税收金中领取补贴，以维持其生存和经营。当然，这些公共企业大都具有垄断地位，譬如，绝大多数此类企业的经营项目是生产城市交通设施和照明设备；它们没有必要总是将其经营上的失败反映在众目睽睽的财政资助方面。在一定的情况下，这些企业可以利用它们手中的垄断地位将产品的价格和向用户提供的服务价格提高到仍然可以赢利的程度，从而掩盖其经营状况不良的事实。社会主义生产方式的低产出、低效益的表现形式虽然与此不尽相同，而且也不能这么容易地被人觉察，但事情的本质却完全相同。

然而，所有这些社会主义企业的经营尝试都没有给予我们进行评判的依据，即生产资料社会化的理想一旦实现，它究竟意味着什么？在未来的社会主义国家里，除了社会主义企业之外，还应该有私有财产的拥有者们所从事的自由职业；社会主义经济的领导者缺少一个为市场提供一切经济活动的市场价格的标准尺度。在资本主义条件下，这种标准尺度的形成过程是，在市场上对所有的商品和劳务进行交换，由此确定每种商品的交换比例，并用货币的形式表现出来。在以财产私有制为基础的社会制度中，人们可以将所有经济活动的结果用核算的方式加以控制。通过会计核算和利润核算的方法，审核每一种经济活动利润。事实表明，对大部分国营企业进行的利润核算都不能采用同私营企业的利润核算相同的方法进行。当然，货币核算的方法也为国营企业和集体企业判断其经营的成败提供了一定的依据。但是，在一个完完全全的社会主义经济制度下，利用这种依据的可能性也不复存在了，因为这种经济制度里不存在生产资料的私有制，不存在生产资料在市场上的交换，所以既不能标出商品的货币价格，也不能实行货币核算。在一个纯粹社会主义制度的社会里，由于实行了集中统一的领导，主管部门没有办法为生产每一个产品所需的费用找到一个共同的分母。仅仅对生产各种不同的产品自然支出和自然节省进行比较，不可能达到计算出真实价格的目的。如果不可能为各种不同专业技能的工时费用，企业建筑和经营必需的钢铁、煤矿、各种建材、机器及其他物资费用找到一个共同的价值尺度，那么核算就不可能进行。只有将所有的商品用货币的方式进行表述，核算才能进行。当然，货币核算也有其不完善之处，甚至有严重的缺陷，但我们实在找不出一个比它更好的方法来取代之。对实际生活来说，一个健康的货币体系下的货币核算已经足够了。如果我们放弃它，那么任何一种经济核算都不可能进行。

以上是国民经济学家对实行社会主义制度可能性问题而提出的最重要的、具有决定意义的异议，在这里，这一制度必须以放弃那种体现在所有企业家、资本家、农场主以及既是生产者又是消费者的工人对市场价格的形成的共同作用的脑力劳动的分工为代价。没有它，理性，即经济的可预见性，是难以想象的。

五 干预主义

社会主义的理想模式已经开始越来越多地失去其支持者。国民经济学家和社会学家对社会主义问题进行的富有说服力的研究表明，社会主义的理想模式是不可行的。这些研究给人留下深刻的印象。与此同时，许多地方进行的社会主义试验均以失败告终。这一切使那些社会主义的狂热鼓吹者也感到迷惘。人们逐渐认识到，一个健康的社会离不开财产的私有制。然而，长期以来，人们对生产资料私有制的敌视却留下了一种先入为主的偏见，这就是，尽管人们已经认识到社会主义的缺陷及其不可实行性，但他们仍然不想公开承认他们愿意重新赞成自由主义关于私有财产的观点。虽然人们承认生产资料的公有制、社会主义均不可行或至少在当今行不通，但另一方面，他们却宣称，对生产资料实行毫无限制的私有制也同样是有害的。因此，他们试图在生产资料的私有制和生产资料的公有制之间找到一条中间道路。他们愿意让生产资料的私有制继续存在下去，但他们主张同时对其所有者——企业家、资本家和地主——的行为通过国家或上级的行政命令的方式加以调节、控制和领导。他们绘制了一幅具有调控功能的蓝图，希望通过国家的行政命令对资本主义和财产私有制加以限制，也就是说，通过国家的干预来避免资本主义和财产私有制带来的不良现象。

如果我们来分析国家干预的几个例子，分析它带来的影响和后果，我们就可以清楚地看出这种干预主义的性质和影响。国家对经济生活最重大的干预是决定商品和劳务的价格，而不是让自由的市场形成这些价格。

在国家允许价格自由形成的情况下，市场是不受干预的，由市场决定价格的高低。在这种情况下，售出商品所获得的收入抵偿生产成本。如果国家指定了一个较低的价格，那么成本就会高于收入，因此商人和生产者就会将那些除了因库存而导致很快的价值下降之外的商品储存起来，拒不出售，以便待价而沽，或者，他们等待国家收回成命。如果国家不愿意这种商品在交换中消失，那么国家就不能对此类商品实行限价。在这种情况下，国家必须立即发布命令，将库存的这种商品按规定的价格售出。

但是，即便如此也不足以解决问题。只有在供求相互平衡的情况下才会产生理想的市场价格。其原因在于：当国家规定的价格较低时，需求就会增长，而供给却保持不变。此时，库存就无法完全满足要求按这种价格购货的买方的需求。通过改变价格来调节供求的市场机制此时再也不起作用了。那么，一部分按照国家定价购买商品的买主在没有得到满足的情况下离开了市场。那些较早进入市场，并且懂得利用与卖方之间的关系的人，获得了库存的全部商品，其他人只能眼巴巴地看着他人交易。国家若要避免这种违背其本意的干预结果，就必须增加一些规定商品公价或强制购买以及限量配给等措施，并且规定，每个购买者可以按规定价格购买一定数量的商品。

在国家实施干预时，库存的这种商品却已告售罄，这样一来，下面的问题就更困难了。由于国家定价太低，生产和销售这种商品不能赢利。于是，制造商要对该商品实行限产或干脆停产。若国家要求继续生产该商品，就必须让制造商承担责任。为此，国家必须规定原材料和半成品价格，规定工资标准。由于人们认为这一产品特别重要，国家的指令此时就不能仅仅只约束一个或少数几个生产部门，而是要包括所有的生产部门。因此，需要对所有货物的价格，劳动工资，对所有的企业家、资本家、地主和工人的行为作出规定，进行调控。倘若有几个生产部门没有被囊括进来，那么，资本和劳动力就会涌入这些部门，国家想通过干预而达到的预期目标就无法实现。国家希望那些它认为重要的，并按其指令生产指定产品的生产部门占有更多的资金和劳力，然而事与愿违。造成这一结果的原因恰恰在于国家干预本身。这一点，却被人忽视了。

上述例子明确告诉我们：国家在以生产资料私有制为基础的经济体制中对企业的干预达不到预期的目的。这种干预不但没有意义，而且恰恰事与愿违，因为它不仅没有消除它想消除的"祸害"，反而让这些"祸害"得到了繁殖。商品定价的指令颁发之前，政府认为商品的价格太贵，而现在商品却从市场上消失了。这一点是本想向消费者提供廉价商品的政府万万没有想到的。在它看来，短缺、购买不到商品本来是一个比价格昂贵更大，而且大得多的祸害。从这个意义上看，人们可以对政府说：它的干预毫无意义，与其本意南辕北辙，这种经济干预政策既不可行又不可思议，因为它违反了经济逻辑。

如果政府不就此改弦更张，让事情重新进入正轨，不是放弃其干预政策，而是再次举起它规定的价单，那么它必须在此之后继续干下去，发布指令，不允许提高价格；接着还要发布指令，售出全部库存商品，并且实行限量配给，制定相关产品的价目表和工资标准，最终还要对企业家和工人实行强制劳动。这些规定不能仅限于一个或少数几个生产部门,而且要包括所有生产部门。要么放弃对市场的干预;要么由政府全面接管生产领导权和分配领导权,舍此之外,别无选择。要么是资本主义,要么是社会主义,不存在着中间道路。

凡是经历了战争和通货膨胀的人,对上述过程及其运行机制都不陌生。在战争和通货膨胀期间,政府总是试图亲自规定价格。今天,每个人都知道,政府规定物价的最大成绩是导致这些被定了价的商品从市场上消失。甚至凡是实行了行政机构定价的地方,结果都与此相同。例如,当政府对房租利息实行限制时,马上就出现住房紧张状况,在奥地利,社会民主党实际上取消了房租利息。其结果是,以维也纳为例,尽管战争开始以来居民总数明显减少,尽管其间各区镇造了数千幢新住宅,仍有数千人无家可归。

再举第二个例子,即限定最低工资或工资单。

如果企业家和工人之间的关系没有受到立法措施或工会的高压手段影响,那么企业家为每个工种规定的工资相当于工人将原材料加工成产品的增值部分。工资不能定得太高,否则企业家无法进行成本核算,从而被迫停止这种不划算的生产活动。同样,工资也不能定得过低,否则工人将会转移到其他收入较高的工业部门,从而迫使企业因缺乏劳动力而停产。

在国民经济中有一个对所有工人从事的工作进行核算的工资率,每个企业家都根据这个工资率从事赢利较高的生产项目,同时据此招收工人。国民经济学习惯于将工资率称为统计工资或自然工资。在同等条件下,当工人的数量减少时,工资率上升。当用于生产的可拥有资金量减少时,工资率就会下降。这里必须注意的是,简单地谈"工资"和"劳动"是不完全准确的。劳动效率在质量和数量方面(以每单位时间计算)有很大差别,劳动工资的情况也是如此。

第二章 自由主义的经济政策

假如国民经济的状况是静止不变的,那么,在没有政府干预、没有工会施加压力的劳动力市场上就不存在着失业工人。这个假设的静态社会仅仅是国民经济学理论分析思考问题的辅助手段,它为我们的思维提供了一个参考系数,便于我们将真实生活中的经济发展过程及其反差进行直观的比较。我们可以幸运地说,生活从来都不是静止的。国民经济从来都没有静止,而总是在不断变化和运动,新事物和从未有过的事物层出不穷。总是有一些生产部门停产或受到限制,因为这些部门生产的产品没有市场需求。而另一些生产部门被扩大或者甚至还要重建和新建一些生产部门。如果我们仅仅回头看看过去的几十年,我们就可以立即列举出一系列新兴工业,例如汽车工业、飞机制造业、电影业和人造纤维工业、罐头食品工业、涡轮机制造业和无线电制造业,等等。这些新的工业部门吸收了数百万工人,其中仅仅只有一部分人是人口自然增长产生的新的劳动力,其余都是从技术较为精良的生产部门中分离出来的劳动力。

涉及单个生产部门,这种变化可能会小一些,工人没有必要被迫转行或被迫从事一项新的职业。只有那些进入谋职就业年龄的青年人才会以较大的规模加入新的或是被扩大了的生产部门。但从普遍意义上讲,资本主义制度加快了人类进步的步伐,增加了人们的物质福利。其进步速度之快,超出了人们的想象,以至于人们不断地产生一种需要适应它的紧迫感。在二百年前或更早的时候,如果一个年轻小伙子学习一门手艺,那么他会想到,他一辈子就会按照所学的方法从事这门手艺,无论他怎样保守,怎样故步自封都不会给他带来危害。而今天却完全不同了,即使普通工人也必须适应不断变化的条件,他必须不断学习和补充新东西或改学其他的技能。他也许要离开原先就业的生产部门,因为这个部门不需要过去那么多的工人了,到另外一个新建的或需要增加工人的生产部门去谋生。即使他继续留在老企业里,如果情况需要的话，他也必须学习新东西。

这一切都直接关系到工人工资的变化。如果一个企业雇用的工人太多，那么就必须解雇一些工人，这些被解雇的工人很难在同样的生产部门找到新的工作。劳动力市场上解雇和失业的压力又压低了这一生产部门的工资。这种压力促使工人考虑是否转入那些需要雇用新的劳动力，而且愿意支付较高工资的生产部门。

由此我们可以清楚明了地看出，怎样才能满足工人寻找新的就业机会以及获得较高工资的愿望。在通常情况下，如果政府和其他社会团体或组织对市场不加干预，劳动工资的水平是不能任意提高的，否则会引起工人不欢迎的副作用。在禁止其他生产部门和其他国家的工人移入的情况下，人们可以提高某一生产部门或某一个国家的工资。这种工资的提高是以牺牲那些被禁止迁入的工人为代价的。如果工人的自由迁移没有受到阻碍，那么他们得到的工资就会高于允许他们自由迁入之前可以得到的那份工资。一部分工人的工资改善是以牺牲另一部分工人的工资利益为代价的。这种禁止迁入的政策仅仅只对那些缺乏劳动力的国家或生产部门的工人有利。凡不属此类情况的生产部门和国家，其工人的工资只能在以下情况下才能得到提高，即通过增加投资或通过改进生产技术的途径，使劳动生产率得到普遍提高。

如果政府以法律的形式规定一个高于统计工资或自然工资的最低工资标准，企业家们就会认为，他们无法维持那些在低工资水平的情况下才能赢利的企业。因此，他们就会实行限产措施，解雇工人。那种人为的、由外力强加在劳动力市场上的增加工资的举措只能导致一个后果，即失业率的增加。

在一般情况下，今天人们还没有在很大范围内要求以立法的形式确定一个最低工资标准。然而，工会的强硬态度使确定最低工资的要求有满足的可能。为了与企业主进行谈判，工人们团结起来，并且组织了各种团体和工会，但这些组织不应当干扰市场，否则于己于人都不利。至于说，工人卓有成效地捍卫了他们的权力，毫无顾虑地中断已生效的合同或停止生产，都远远不会造成干扰劳动力市场的后果。造成劳动力市场新形势的主要原因是当今在绝大部分欧洲工业国家盛行的罢工压力和结盟的约束。由工会组织起来的工人不允许未参加工会的工人就业，尤其在罢工的时候，前者更是公然采用武力阻止后者取代罢工工人。在这种情况下，工会向企业主提出的工资要求的影响和作用恰恰与政府法律规定的最低工资标准的作用相同。如果企业主不想让他的企业停产，他就不得不满足工会提出的工资要求，支付工人工资，同时还必须采取限产措施，因为成本提高之后，以原有的规模进行生产已不可能找到同样大的销售市场了。那么，工会强迫提高工资就成为失业的原因。

由于上述原因造成的失业范围以及延续的时间与不断出现的因劳动力需求的转移而造成的失业完全不同，因工业的发展和进步的原因而造成的失业，其影响范围不广，持续时间亦不长。某一生产部门过剩的劳动力很快就可以在一个新的企业或一个被扩大了的企业中找到就业机会。假如工人有自由迁移的权力，从一个企业转入另一个企业不受法律或其他类似的障碍阻挠的话，那么他们对新环境的适应过程一般并不困难，而且适应期相当短。此外，通过扩大职业介绍机构的方法，还可以有助于人们更有效地减少此类失业问题。

然而，由于强权因素介入劳动力市场所造成的失业，并不是一种暂时的或在短期内就能消失的现象。只要造成它的原因继续存在，那么它就无法治愈。换句话说，只有法律或工会放弃干预，使工资在寻找就业机会的失业工人的压力之下重新下降到政府和工会没有干预之前的水平，达到一个每位寻找职业的人都能找到工作的标准，才能从根本上解决此类失业问题。

如果失业工人得到政府和劳工联合组织的帮助救济，灾难可能会变得更大。假如失业是因为国民经济的动态变化造成的，那么这种失业救济只能推迟失业者对新环境的适应速度。若失业人员老是找不到工作，在此期间仍得到救济，那么他就会觉得没有必要寻找一份新的职业。至少他会拖延向新的职业过渡的时间，或者优先考虑变换工作地点。此外，他不会考虑新的工作地点的工资是否符合他的要求，等等。如果失业救济金普遍定得不是很低的话，可以断定：只要失业救济金有保障，失业问题就不会消失。

由于政府或政府容忍的工会组织施加压力而引起的人为提高工资水平造成的失业问题，其解决办法就涉及谁来承担这个负担，是企业主还是工人？国家、政府以及公共机关从来是不会承担这个负担的。它们将这些负担不是加在企业主身上，就是加在工人身上，或者让两者共同承担。若工人必须承担这个负担，那么他们就会丧失因人为提高工资带来的部分或全部收益；而且其损失还有可能大于人为提高工资所带来的收益。企业主可以用以下方法解除支付失业救济金所带来的负担，即把用于失业救济金目的的开支计入他的工资成本。在这种情况下，失业救济金实际上提高了劳动力费用，正如再次将工资提高到高于静态工资水平：使用劳动力的利润率受到了限制。因此，雇用那些本来可以获得更大收益的工人数量随之减少。失业率继续上升，并且没完没了。为了筹集失业救济金，政府还要向企业主征收税金，根据后者所获的利润以及根据其财产征收税金，根本不考虑企业主雇用工人的数量。这种情况加剧了失业率的增长。这是因为，当资金被用尽或者至少资本重新形成的速度被迫减慢时，劳动力就业的条件就变得更为不利了①。

---

① 即使全世界或所有的生产部门通过政府或工会的干预及强制命令同时人为地提高工资，其结果也只会是资金被耗尽，接踵而至的便是降低工资。这个问题笔者在附录的注解中已详细论述。

由于人们不能挪用国家行政费用和公共事业的开支与失业作斗争，剩下的办法就可想而知了。为此，必须从税款中或从其他资金来源中抽出专款来解决失业救济金问题。这种方法只能缓解某一生产部门的失业问题，与此同时，另一生产部门的失业率却增加了。

无论我们从哪个角度来观察干预主义，其结果都是相同的。它带来的后果是其倡导者和追随者不愿看到的。从干预主义本身的观点来看，它是自相矛盾、毫无意义的。所以说，干预主义政策是一种没有意义的政策。

六 资本主义是一切社会关系中唯一可行的制度

在我们这个实行劳动分工的社会里，究竟哪一种社会制度最为适宜？对此，人们提出了种种不同社会制度的设想，并对其可行性进行了详细的考察，但每次考察都得出了一个相同结果：选择的可能性只有一个，即不是实行生产资料的公有制就是实行生产资料的私有制，二者必居其一。任何介于两者之间的中间形式都是荒谬的，或在实践中被证明是不适当的。如果人们认识了社会主义的不可行性，那么就无法否认资本主义是实行了劳动分工的人类社会里唯一可行的社会关系的形式这一事实。历史学家和历史哲学家对这些考察的结果并不感到惊讶。尽管在群众和政府中存在着许多反对资本主义的人，但它始终没有垮台，没有被迫让位于那些深得某些理论家和实践家欢心的其他社会制度。究其原因只有一条，那就是世界上还没有其他任何一种可行的社会制度可以取代它。

重新退回到中世纪的社会经济形态中去是不可能的，这一点非常清楚，无须解释。中世纪在欧洲各民族居住的土地上只养活了相当于今天生活在这块土地上人口总量的一小部分，它为每个居民提供的满足其生活需要的物质要远远少于资本主义生产方式提供给现代居民的物质财富。假如有人要把现代居民的生活水平降低到现有水平的十分之一或二十分之一,并且在生活水平大为降低的情况下要求每个人必须有满足感,还要让每个现代人把这种满足感视为自己的义务,人们肯定会回答:这是不可能的和不可思议的事情。那么我们可以说:倒退到中世纪也同样是不可思议的。那些主张退回中世纪的作者声称:回到一个"新"的中世纪是人们唯一值得追求的社会理想,他们谴责资本主义时代,谴责资本主义的物欲的思维方式。许多此类作家认为:人们返回中世纪的经济和社会形态之后,可以继续保留资本主义创造的一切生产技术。这样一来,也就保持了资本主义时代人类创造的高级生产力。没有任何东西比此类作家的论点更"物欲"了。资本主义生产方式创造的生产力是资本主义思维方式的结果,也是资本主义经济的成果。从这个意义上讲,也是现代科技的结果。而现代科技正是资本主义——必须发展科技——的精神指导的产物。几乎没有什么东西比卡尔·马克思唯物主义历史观的某些主张更荒谬了。马克思认为:"手工磨产生了封建领主社会,蒸汽磨产生了工业资本家社会。"蒸汽磨的设想之所以能出现,是因为有了资本主义社会这一前提条件。事实上是资本主义创造了技术,而不是技术创造了资本主义。那种可以将我们经济生活中的技术设备和物质财富保留下来,而将其赖以立足的思想基础清除掉的想法也同样是荒谬的。事实上,当人们将其思维方式重新改变成传统主义和专制主义的时候,就不可能继续合理地从事经济活动。企业家既是资本主义社会的活跃分子,同时也是推动现代科技发展的积极因素。人们不能想当然地将他们视为仅仅只考虑自己过舒适安宁生活的一群人。

假如人们认识到,除了以生产资料私有制为基础的社会制度之外,其他的任何社会制度都是不可行的。那么,他们就会自然而然地得出这种作为人类社会的联合与协作的基础的私有制必须受到保护的结论,并且必须同任何消灭这个基础的企图作坚决的斗争。从这个意义上讲,自由主义捍卫财产的私有制,反对任何企图消亡它的行为。如果人们因此将自由主义者称为私有制的辩护士,那么这个称号是恰如其分的,因为希腊语中辩护士这个词汇的含义与捍卫者的含义完全相同。当然,应当尽量避免使用外来词汇,最好使用简单的德语表达方式。这是因为许多人容易将辩护士"Apologet"和辩护书"Apologie"这两种不同的表达方式混淆在一起,从而产生一种印象,好像只有为不正义的东西辩护时才用辩护这一字眼。

比澄清因词汇使用不当而产生的下意识的误解更为重要的是要人们确信:财产私有制的结构根本用不着捍卫、辩护、论证以及宣传解释。一个社会要想继续存在下去,就离不开财产的私有制。由于人们离不开社会,所以他们必须坚持私有制,以使他们的自身利益和所有人的利益不受损害。可以说,只有建立在私有制基础上的社会才能继续存在。那些主张私有制的人,同时也是在主张保护人类社会的联合,保护人类文化和人类的文明。他们是社会、文化和文明的辩护士和捍卫者。由于他们要实现这个目标,所以他们各尽所能,利用他们所有的一切手段来追求和捍卫私有制。

主张生产资料私有制的人从不宣称,以私有制为基础的资本主义社会制度是完美无缺的。世界上没有尽善尽美的东西。资本主义制度也不例外,它也有这样或那样,部分甚至是完全不合理的地方。但它同样又是唯一可行的社会制度。人们可以在不改变其性质,不损害其社会制度的基础——私有制的前提下,对这个社会的某个或某些机构加以改革。但从大体上应当顺应这种社会制度,因为人们别无选择。

从"自然本性"讲,我们也许并不喜欢资本主义制度的某些地方，但是我们不可能改变自然进程的性质。譬如说：假如某人认为（事实上有这样看问题的人），有些人进食的方式是生吞活剥，整块消化，令人厌恶，对此，人们没有必要与他争吵。但也许必须告诉他：只有这个方式，否则就会饿死，舍此之外，别无他途。财产问题也与此相同，不是生产资料的私有制就是所有人都挨饿受穷。

自由主义的反对者习惯将自由主义经济政策称为乐观主义。他们想借此谴责自由主义，或借此对自由主义思维方式的特征进行挖苦。

把自由主义理论特点称为乐观主义，借此使人们产生一种自由主义宣称资本主义世界是宇宙中最完美的社会制度的错觉，这纯粹是废话。对自由主义这个完全建立在科学基础之上的意识形态而言，资本主义社会制度的好坏与否，人们看法的好坏与否，或者人们是否从一种哲学的或形而上学的立场来拒绝它、采纳它，这些问题是不需解释的。自由主义来源于国民经济学和社会学等纯粹科学，这些科学体系本身并不认识孰好孰坏的评价标准，而仅仅只判断客观事物是什么？它是怎样的？如果这些科学告诉我们：在人们可以想象的一切社会组织中，只有一个，即以生产资料的私有制为基础的社会制度具有生命力和生存能力，而其他一些想象中的社会制度都行不通，那么这完全不是乐观主义的称号所能概括的。关于资本主义社会制度有生命力、有影响力的论断与乐观主义毫无干系。

如果反对自由主义的人硬要坚持其立场，继续断言资本主义制度是一个很坏的社会制度，只要这个断言包含着价值评判的因素，那么它就是极为主观、极不科学的，其出发点就是错误的。然而，只要它是有根据的，哪怕它对资本主义制度内的某些问题理解错了，国民经济学家和社会学家也能予以纠正。姑且不谈别的，尽管他们还没能成功地证明其他社会制度是否更有成效，仅就发现资本主义社会的许多缺陷这一点而言，对我们研究社会政策就具有重大的意义。但科学却成功地证明：人们设想的那些种种取代资本主义制度的社会形态的设计方案，都是矛盾百出、荒谬不经的，因此，它们并不能发挥其支持者想要它们发挥的效力。

奢谈乐观主义，特别是将乐观主义的称号强加在自由主义头上，以营造一个不利于自由主义的氛围，在这里显得多么不公道。以其人之道，还治其人之身，人们同样有权利将那些设计社会主义或干预主义社会制度并且认为这种制度行得通的人称为乐观主义者。

大多数从事经济、政治问题研究的作者都从不放弃任何对资本主义制度进行毫无意义，而且幼稚可笑的进攻机会。他们不是鼓吹社会主义就是赞扬干预主义，甚至将农业社会主义和工团主义当作光芒四射的社会制度，用近乎狂热的词句大加褒扬。另一方面，极少数作家也采用相当温和的语言对资本主义制度的赞扬加以认同。如果人们愿意的话，也许会将资本主义的乐观派的桂冠戴在这些作者头上。但是，如果有人果真这么做了，那么他们更有千倍的理由将社会主义、干预主义、农业社会主义和工团主义的夸张乐观派的桂冠带到自由主义的反对者头上。事实上这种事情并没有发生，仅仅有那些自由主义的作者，譬如巴斯蒂亚特等人被戴上了乐观主义者的帽子。它说明，这件事所涉及的完全不是一场科学分类之争，而恰恰说明了政党政治的扭曲。

再说一遍：自由主义所主张的并不是要人们从片面的角度观察资本主义制度并且说这个制度好，自由主义想要说明的仅仅是：只有资本主义制度才是人们要达到其追求目标的合适制度。社会主义、干预主义、农业社会主义和工团主义等社会制度的种种构思都是行不通的。那些不能承受这一真理的神经衰弱者因此将国民经济学称为一门不幸的科学。而国民经济学和社会学所要告诉人们的恰恰是世界的真相。同样多灾多难的还有其他一些科学，譬如机械学，因为它教导人们，永动机是不可能成功的；还有生物学，因为它讲授的是生物的进化和消亡。

七　卡特尔、垄断与自由主义

自由主义的反对者宣称：自由政策的前提条件目前已经不存在了。如果在一个单一的生产部门里，许多中等规模的企业展开激烈的竞争，在这种条件下，自由主义也许能行得通。且看，如今到处都是托拉斯、卡特尔和其他的垄断企业统治着市场，反正自由主义已经过时了，不是政治消灭了自由主义，而是自由经济在其发展过程中的必然趋势消灭了自由主义。

劳动分工使经济专业化。只要经济在继续发展，这个过程就不会停止。不久前还有生产所有类型机械的机器制造厂，如今机器制造厂如不将其生产限制在特定的机器品种上，它就会失去竞争能力。随着专业化分工的发展和进步，与单个企业进行协作并提供产品的圈子就会越来越大。一个仅生产少数几个布匹品种的纺织厂，其顾客范围可能要远远大于一个生产所有布匹品种的大纺织厂。毫无疑问，这是经济发展的必然趋势。随着生产专业化的发展，会出现某些只生产单一品种，但其产品的销售市场遍及全世界的企业。如果没有关税政策和其他的反资本主义措施来遏制这一发展趋势，那么就会出现每个生产部门只剩下相当少的，甚至只剩下一个唯一的企业，它以极高的专业化程度进行生产，并向全世界提供其产品的情况。

然而，我们今天面临的实际却与上述情况相差甚远。这是因为，所有的国家都推行旨在保护本国经济的政策，采取保护关税和其他诸如此类的措施来保护国内市场，将那些在世界市场上失去竞争力的企业人为地保存下来，而且有时甚至新建一些类似的企业。这种政策不是从商业的角度出发，它反对企业的集中趋势，其目的是使消费者免受生产商和垄断组织的剥削。为了检验这种论点是否有根据，我们假定：全世界的生产分工已经发展到每一种类的商品生产已经集中到一个企业手中了，以至于消费者作为买方，始终只与一个唯一的卖方打交道。在这种情况下，有一种凭空想象的经济学理论认为：生产者就有可能任意抬高价格，以获取超额利润，因此会导致消费者生活状况的明显恶化。人们可以毫不费力地看出，这种想象是错误的。垄断价格——如果它不是由于国家干预而形成的话——只有在拥有特殊的地下资源的前提下才能形成。一个获得比别人更高利润的单个加工工业产品的价格垄断，只会引起其他企业争相效尤，造成这一行业的竞争。垄断在这个竞争过程中被打破，其利润也随之被拉回到平均水平。在通常情况下，加工工业不可能产生垄断。这是因为，在每种经营资金水平一定的情况下，生产进程中的资金总量，拥有劳动力的总量以及社会产品的总量是有限的，如果减少某一个或若干个生产部门的资金和劳动力，减少其产量，以保持垄断企业的单位产品的较高价格，增加垄断企业的总利润，由此而释放出来的资金和劳动力就会涌入其他的生产部门。假如所有的企业都为了达到提高产品价格的目的而实行限产措施，那么就会有更多的工人和资金被释放出来，接踵而来的是，市场上资金充裕，劳动力价格相对低廉，刺激人们投资新建企业，导致有关企业的垄断地位被再次打破。所以说，在加工工业领域建立一个包罗万象的卡特尔或万能垄断机构的设想是完全行不通的。

只有占有地下资源和地下能源才能形成真正的垄断。关于把全世界的农业可耕地集中到一个国际垄断者手里的设想，不属于我们研究的范围。本书只考察因对已发现并且可以利用的矿产资源的占有而造成的垄断现象。目前有人对一些不重要的矿山实行了垄断，而且还有可能对其他一些矿山实行类似的垄断，他们有可能获得成功。这将意味着，这些矿山或矿井的拥有者将获得较高的地租，消费者将限制其消费量并寻找替代品来取代这些变得越来越昂贵的原材料。世界性的石油垄断会引起对水电、煤炭等诸如此类产品的需求增长。从世界经济的角度以及区域经济的角度来看，这将意味着我们要更加节约地使用开采出来的这些不可替代的昂贵材料，为后人留下更多的资源。在没有实行这种垄断的经济中，情况则与此完全不同。

人们谈到自由经济的发展时，总会想起令人恐怖的"幽灵"——垄断这一字眼。其实，我们没有必要对此感到恐慌。因为真正能够实行世界性垄断的只有为数极少的初级产品，它给我们带来的影响有利还是有弊，我们还不能立即作出回答。在那些观察这个国民经济问题时带有浓厚偏见的国民经济学家看来，这种垄断是一种堕落行为，因为它给占有者带来了高额利润。但对于那些从不先入为主、客观地看待此问题的人而言，这种垄断会促使人们更加节省地使用人类拥有的数量有限的地下资源。如果人们妒忌垄断资本家的利润，完全可以采用提高矿山地租的方法，使其利润流入国库。这种方法既无危险，也不会给国民经济带来任何不良的后果。

如今，具有实际意义的国家垄断和国际垄断这两类垄断与世界垄断的原则区别在于：国家垄断和国际垄断都不是在自由经济的发展过程中形成的，它们是反自由经济政策的产物。几乎所有用垄断的方法对一定商品的市场施加影响的尝试，只有在关税把国际市场分解成小小的国内市场时才有可能成功。此外，拥有特定地下资源的所有者会建立卡特尔组织，他们在其资源所在地的一个狭小的范围内通过提高运输费用的方法，建立旨在排挤其他地方的资本家参与竞争的保护区域。

人们在评价托拉斯、卡特尔以及独家占领某种商品市场的企业时，犯了一个原则性的错误。他们认为"统治市场""垄断价格"都是垄断资本家所作所为的结果。事实上,垄断资本家既不能统治市场,也没有能力去规定价格。从最真实、最严格的意义上讲,只有对那些人们维持生存必需的、须臾不可离开的,并且是不能替代的商品,才能实行市场统治和价格垄断。众所周知,目前还没有一种商品符合这一前提条件。还没有任何原材料,能给消费者造成必不可少的依赖。垄断价格的形成和竞争价格的形成条件不同,两者之间的区别是:垄断资本家在特定的前提条件下,以较高的价格(我们称之为垄断价格)出售较少量的商品,其价格高于市场上多个销售商竞争出售该种商品时的价格(我们称之为竞争价格),因此获得了较高的利润。实现垄断价格和超额利润的前提条件是,消费者在物价升高时不立即作出限制消费、减少购买量的反应。反之,在商品价格过高而导致销售量减少的情况下,则不可能取得高额利润。如果某一工业部门在市场上获得了垄断地位,并利用其垄断地位将其产品的价格变成垄断价格,那么这个工业部门的利润就会高于平均利润。事实上这种可能性是存在的。在这种情况下,其他一些企业家不愿意投资新建生产此类产品的企业,因为他们担心,如果建立新的生产同类产品的企业与其竞争将会把垄断价格压低到竞争价格的水平,这样做不但得不到相应的利润,反而得不偿失。但是我们必须估计,那些生产与垄断企业同类产品的企业会以更低的成本来生产此类商品,它们完全有能力以竞争者的身份加入角逐。与此同时,那些生产同类替代产品的企业必然也要投入竞争,他们将利用其有利条件扩大生产替代产品的规模,从而打破垄断局面。所有这一切均证明:凡是那些没有占有特定原材料的垄断企业,即加工工业中垄断企业是非常罕见的。即使在加工工业中出现了垄断企业,也是由于特殊的外部环境,即拥有特定的法律优惠、专利权、关税和税收的特权以及政府的特许制度等原因促成的。早在一二十年前人们曾经讨论过铁路运输的垄断问题。当时人们曾经提出对铁路运输实行垄断的特许制到底要延续多长时间的问题，至今也没有废除铁路运输垄断制的迹象。如今载重汽车和飞机已成为铁路最危险的竞争对手。但是，早在它们出现之前就已经有了水路运输，但其竞争力有限。除水运之外，在为数众多的交通工具的比较和竞争中，铁路运输的价格标准仍然不能超过一定的限度。

今天人们经常谈到，自由主义理想的资本主义制度的一个重要前提已经被垄断的形成消除掉了，这种说法不仅是一种严重的夸大其词，而且是对事实的歪曲。无论人们怎样翻来覆去地谈论垄断问题，但他们总是要回到问题的基本点上，即只有在占有特定地下资源和地下能源的前提下，或者在立法和行政等措施干预的前提下，才有可能形成垄断价格。经济发展的事实表明：除了矿山及其相关的工业部门之外，根本还谈不上排除竞争的趋势。如果人们对自由主义提出抗议说，古典国民经济学和自由主义理想的创始人曾经坚持的竞争条件目前已经不复存在了，那么这种说法是毫无理由的。为了重新创造这些竞争条件，需要人们接受并采纳自由主义的主张，这就是：在国内市场上实行贸易自由化以及在国际市场上也实行贸易自由化。做到这几点就足够了。

八　官僚主义化

在另一方面，人们也很习惯说自由主义社会理想的前提条件如今已不复存在了。他们认为：在一些大企业中，由于劳动分工的发展与进步，人员越来越庞杂，机构越来越多，其管理方式与国营企业的管理方式越来越相似，自由主义最反对的官僚主义现象也越来越严重。官僚主义化导致了大企业的管理机构日趋臃肿沉重，革新越来越困难。企业领导人的选择和提拔再也不是根据他在经营活动中的精明干练和实际能力，而是按工作年限的长短来论资排辈，常常要凭借人事关系之类的不客观方式。这一切使私人企业对国营企业的优势丧失殆尽。他们认为：自由主义思想家反对与工作热情、首创精神无缘的国营企业，他们的主张曾经是有道理的，但今天的情况较之以前大不相同。如今私人企业与国营企业相比较，简直是别无二致，前者变得同样官僚化、吹毛求疵和形式主义化。

为了证实这些异议是否言之有据，我们必须弄清官僚主义化和官僚主义的经营方式究竟是什么？它与商人以及商业经营之间的区别在哪里？商业精神与官僚主义精神之间的矛盾是资本主义——生产资料私有制和社会主义——生产资料公有制之间的矛盾在精神领域的体现。那些拥有生产资料的人，不论这个生产资料是属于他的私有财产，还是他从财产的所有者手中有偿转借而来，他们都必须不断地注意精心使用这些生产资料，使其满足现有条件下最迫切、最急需的社会需求。如果他们不这么做，他们就会亏损，其财产所有者和企业家的地位先会因此动摇，最终被挤出场外。他们再也不是财产的拥有者和企业家，而是出卖劳动力的劳动者，从此再也不承担——从消费者的角度看——将生产引入正确道路的领导任务。资金核算和利润率核算是商业和企业经营活动的最重要手段。通过这些核算，企业家和资本家拥有一个高度精确地控制着商业行为的操作方法，他们可以据此判断每一步骤——即每一个商业行为进展的情况，以及这些步骤将对整体产生什么样的影响和后果。资金的簿记和核算制是资本主义企业家最重要的而且也是必不可少的精神武装。歌德曾恰如其分地讲道：复式簿记法是"人类智慧的最完美的发明之一"。歌德有权这么讲，因为他没有那些蹩脚作家常常对商人怀有的偏见。这些小文人的合唱词里不断重复道：资金核算和聚敛金钱是世界上最可耻的东西。

预算、簿记、核算和企业统计使那些即使是最大、最复杂的企业可以准确地考核每个部门的成绩。因此，也可以对每个部门领导人的行为在整个企业中的作用进行评价；企业的领导就掌握了评判每个部门领导行为的准绳：他知道，这些部门负责人的价值如何，应该给他们多高的报酬。若想被提拔到更高、责任更重大的岗位，他们必须以其在本部门的毋庸置疑的工作实绩来证明他们是胜任的。用企业核算的手段来控制部门领导的活动，这一方法，同样的可用来考核各个部门工作的总和——企业的整体工作，企业中的组织措施和其他类似措施的影响。

当然，这种精确控制的作用也是有限的。在一个部门之内对每个人工作成绩或失误的掌握就不能采取企业对部门领导评估的相同方法。此外，还有一些部门，其工作对整个企业的贡献不能用核算的方法加以评估，例如设计室、法律事务办公室、秘书室、统计室以及诸如此类的部门工作，是不能采用与销售部门以及生产部门同样的方法进行核算的。对上述部门工作成绩的评估，必须通过其主管领导，进而通过全企业的整体成绩加以评估。因为全局的工作好坏与否具有相当的透明度。评判者（部门领导和企业领导）可以据此作出正确的判断，并将交付他们管辖部门的实绩体现在其工资收入上。

国家管理机构与这种事事必须实行利润核算监督的企业恰恰相反。尽管每位国家机构中的管理人员都以同一方式受到监督——是否较好地履行了他的职责。但是，他们工作得好坏与否却不能以核算的方法表示出来。某一地区或某一辖区的工作好坏与否，其管理费用的高低是否适中，人们无法凭借一个客观标准加以确定。因此，在评判国家管理机构中官员的工作时，常常由于缺乏客观标准而出现了凭主观、想当然的推测，甚至为独断专行、为所欲为的做法敞开了大门。同样，对于某一个局的设置是否必要，该局的雇员人数是多还是少，该局的内部机构设置是否合理诸如此类问题的解决，都夹杂着上级的一些不客观、不实事求是的观点。在国家管理的范畴内，只有唯一的一个领域可以采用一个无可争议的标准来判断其工作的成败：战争的指导工作。但是，即使在这一方面，至多也仅仅只能判断是否打赢了。因为人们无法严格而准确地解答以下问题，即在战争开始之前，双方的力量对比究竟在多大程度上已经决定了战争的胜负？领袖的才能或无能究竟在多大程度上影响了战争？有关机构的效率和实用性能究竟如何？统帅们已经以胜利者的姿态接受人们的欢呼，为了战胜对手，胜利者做到了一切，他们犯的错误不重要，重要的是赢得了战争。失败者受到了诅咒，尽管他们很有天才，尽管他们尽了一切努力来避免不可逆转的失败。

私有经济企业的领导给予其雇员们一个唯一的任务是：争取创造最高的利润。这个任务包含着资本家对雇员所要求的一切。企业的会计制度使企业家轻而易举地判断雇员在多大程度上完成了这一任务。而一个官僚机构中的领导人却面临另一个完全不同的情况。他或许也向下属交代了他们应该完成的任务，但是，下级为实现这一目标所采用的方法是否正确，他却无法进行检验。如果他不能无时不在地陪着下级官员和下级机构，那么他势必不能判断：利用更少的劳动消耗和物资消耗是否可以取得同样的成绩。其中，我们尚未谈及这些成绩本身并不能用数字表示，仅仅只能大概估计而已。因为我们还没有从管理技术及其对外界的影响的角度来观察事物，仅仅只考察了官僚机构自身的运行情况。从这个意义上讲，仅仅只是研究了成绩与取得这个成绩所付出的消耗之间的关系。由于商业会计的方法不可能用来计算并且确定这种比例，官僚机构的领导人必须要他的指示下达到其下级的手中，并且使下级把服从二字视为责任和义务。这些指示中有简括预防措施，以保证顺利地按惯例和规则完成某项具体的任务。每当遇到特殊情况时，下级在考虑替代措施之前，必须向上级单位请示，这个程序既拖延时间又欠妥当，而且每次仅仅只能解决一个问题。为了改变这种状况，假如这位领导人给每个下级机关、每位部门领导和分支机构授权，允许他们在必要的情况下自行决定替代计划，那么他就必须将管理费用提到极高的地步。这种体制弊端极大，而且不能满足人们的要求。对此，人人有目共睹。许多不必要的开支得到批准，相反，许多急需的开支都不能如数拨发。这是因为官僚机构不是私有财产，它不能像商人那样适应环境，随机应变。

官僚主义的影响首先体现在它的载体——官僚身上。在私有制企业中，雇用一个劳动力不是恩赐，而是一种交易。在这个交易中，雇主和雇员双方都各有一本账。雇主必须按其劳动量的大小支付给雇员相应的工资。如果他不这么做，就意味着他将冒着工人要跑到支付更多一些工资的竞争对手那里去工作的风险。而雇员却要考虑到自己必须付出与工资同等代价的劳动力，完成岗位职责，以免丧失工作岗位。由于这种雇佣关系是一种交易而不是恩惠，雇员也不必担心他会因为别人的嫉妒而被解雇。因为，企业主若出于个人的恶感而解雇一名可用的，而且工资与其能力相当的雇员，只会有损于企业主自己，而无损于能在别处找到相应工作的工人。企业主可以省心省力地将聘用和解雇工人的权力交给部门领导。因为每个部门领导人都处在被控制的压力之下。他通过自己的工作来行使会计、核算的权力，使他管辖的部门获得最大的利润。出于这一切身利益，他不得不密切注视着在本部门内保持最佳的劳动力的问题。如果他出于个人恶感解雇了一个本来不应解雇的工人，如果他的行为是出于个人原因而不是出于客观需要，那么他本人就不能不为此事受到惩罚。如果他领导的部门的成绩受到了损害，最终的损失就是他本人的损失。在生产过程中，人的因素和生产的安排因此变得相当顺利。而官僚企业里的情况却完全不同。在那里，每个部门、每个劳动力甚至每个处在领导岗位上的人，都无法了解他们之间在生产中的相互作用，也无法了解他们的工作对企业的影响。这样就为在雇请员工以及工资报酬方面的恩惠或恶感大开了方便之门。公务机关中的官员擢升和人事安排问题，常常受地位显赫、具有影响的人物左右。究其原因，主要还不是左右这一局势的要人的人品低劣所致，而是他从一开始就对担任这一职务的人缺乏起码的客观的评判标准。毫无疑问，任用官员一定要挑选最能干的人。但是，问题恰恰在于：谁最能干？如果判断这个问题就像确定车工或排字工对一个企业有用那样简单的话，那么事情就再也妥当不过了。但是，事实却不然，此时主观臆断、任人唯亲、独断专行就开始作祟。为了尽最大可能地克服这一弊端，人们寻找一种方法，即提出任用和提拔公职人员的形式和条件，把提拔一定的职务与其受教育的程度、与考试的优良成绩、与此人在其他职位上从事工作的年限结合起来，即职务的高低取决于工作年限。这一切当然在最低限度上填补了公职机关人员选拔录用方面的空白。因为公职机关不可能根据利润核算的手段发现最优秀的人才，并将他们安排到适当的岗位上去。公职机关官员的这种选择方法，可以称为去撞一扇已经打开了的门，纯属多此一举。要想满足选拔条件，必须具有学历、通过选拔考试和具有服务年限，等等。但这些条件丝毫不能保证选择的正确性。恰恰相反，这种体制从一开始就阻碍了那些极有能力、精明强干的人走向符合其能力和才干的位置，反而把他们排斥在选拔圈外。从来还没有一位宝贵的人才按照上述规定的学历加上工龄的途径走上部门的最高领导岗位。即使在德国这样一个尊重官员的国家里，人们也常常使用"一位真正的官员"这样的表述方式来形容一个没有特点、没有能力的人物，尽管其中也包含着此人诚实正派的褒意。

一个官僚化企业的最显著特点是，该企业缺乏评判企业经营成绩与取得这些成绩所付出的代价的尺度，即缺乏利润率这根准绳。为了弥补这一缺陷——尽管这些弥补措施远远不够，企业不得不用规章制度的形式来约束其经营活动和人事调整。人们谈到关于官僚企业一切弊端都集中在它的僵化、缺乏发明创造力以及它在问题面前束手无策方面，而这些问题在商业生活中是很容易解决的。造成这一切的根本原因在于官僚化企业没有利润率这个判断标准。只要国家机器的活动局限在自由主义指定的狭窄范围内，那么官僚主义的弊端当然就不会如此明显地被人觉察到。只有当国家，同样也包括乡镇以及地方政府机构开始将生产资料社会化，与此同时，积极参与生产或商业贸易的时候，官僚主义的弊端才会对整个经济生活产生严重的危害。

国营企业若要达到最佳经营效果，就必须满足以下几个必不可少的前提条件：即经济生活中的私人企业要占绝对多数；商品交换必须通过市场进行，并由市场来决定商品的价格；以货币为单位进行利润核算。阻碍国营企业发展以及限制它们发挥其应有作用的唯一原因是：它的领导机关——国家机构并不像私人企业的领导那样，对其经营的好坏与否具有同样的兴趣，承担同样的责任。国家没有赋予国营企业领导人独立的决策权，同时，这些企业的领导也不承担他们因执行国家工商政策而产生的亏损后果。因此，他们非常容易去冒亏损的风险，而这样的风险是一个具有责任感，同时也必须承担风险损失的企业领导人所极力避免的。为此，国家不得不采取各种方法限制国营企业领导人的权力，其中包括提出僵化的工作准绳；由督促委员会作出各种决定；或规定国营企业的经营决策必须经过一个上级机关批准。在这种情况下，国营企业的运作步履维艰、沉重而缺乏应变能力。这一切，导致了几乎所有的国营企业不断地从失败走向失败的后果。

在一般情况下，国营企业不顾及其他任何因素，一味追逐高利润的现象极为罕见。但是，要求国营企业的经营活动满足某个特定的"国民经济"要求或其他特殊需求则是一个普遍规律。国家要求优先购买国内产品，排斥进口商品的情况就是一例。又例如，在规定铁路运输费用时，让一定的商业政策因素发挥作用，鼓励人们修造和经营新的铁路线，以发展某个特定地区的经济；或出于战略上的原因以及其他原因来经营铁路运输；等等。以上各种因素一旦渗入经营范畴之内，那么任何试图通过利润核算的手段来控制国营企业的经济活动的做法都是行不通的。假如国营铁路的经理提交一份亏损年度报告并声明："由我负责管理的铁路，从私有制经济的利润率角度来看，经营状况不好，是亏损的。但是，请不要忘记，如果从国民经济、国家政治、军事政策以及其他诸多的角度来看，它却作出了许多贡献，这是用任何利润率的观点都不能衡量的。"显而易见，在这种情况下，利润核算的方法在评判经营成效方面失去了任何价值。再加上其他种种类似的原因，国营企业在必要的时候实行如同管理监狱或管理税务局相似的官僚式的管理方法。

　　一个完全遵照私有制经济的原则，即以追求最高利润为目的的私人企业，不论其规模有多大，都永远不会官僚主义化。严格地遵守利润原则，使私人企业，也包括大型私人企业，有可能极为精确地判断每个经营环节、每个生产部门的生产在整个企业活动中的作用和重要性。只要企业关注它的赢利，它就能避免官僚主义的一切危害。今天到处可见的私人企业的官僚主义化现象，其原因完全是由于干预主义把它的观点强加在企业领导工作中造成的。只要企业能够独立自主地从事经营，它就能摆脱官僚主义的危害。如果企业在经营活动中不得不虑及多种多样的政治偏见，担心国家机关的种种恶意刁难，那么，它很快就会失去其进行利润核算的坚实土壤。例如，美国有一些公用事业公司管理的企业，它们为了避免与公众舆论的冲突，以及为了避免与受公众舆论影响的立法、司法和行政等官方机构的冲突，基本上不雇用天主教徒、犹太人、无神论者、达尔文主义者、黑人、爱尔兰人、法国人、意大利人以及所有的新移民。在具有干预主义特征的国家里，每个企业都必须顺从国家权力机构的旨意，以避免给本身造成严重的不利。这样或那样的外部因素对企业以盈利为目的的经营管理正在施加越来越多的影响。因此，严格意义上的企业核算和会计制度消失了，企业越来越多地接受了国营企业的那种不实事求是的、形式主义的处事方法，它们变得官僚主义化了。

大型企业经营管理的官僚主义化绝不是资本主义经济在发展过程中的一种必然结果，它仅仅只是干预主义政策导致的后果的一种表现。假如国家机关和其他社会权力机构不对企业进行干预的话，那么最大型的企业也可以像小型企业一样从事经营活动。

第三章　自由主义的外交政策

一　国界

对自由党人来说，内政与外交不是对立的，外交考虑是否应优先于内政考虑或者内政优先于外交这一经常被提出来并深入讨论的问题，在自由党人的眼里是多余的。这是因为自由主义在其政治蓝图中从一开始就涵盖了整个世界。而且它认为，它努力在最小范围内实现的思想，同样也适用于宏大的世界政治。如果说自由党人把外交和内政区别开来，那他也只是为把巨大的政治任务的领域加以适当划分，而绝不是因为他认为在外交政策中应该有个与国内政策不同的原则。

自由主义国内政策的目标亦是其外交政策的目标——和平。如同在国家内部一样，自由主义在国家间的交往中也力求和平合作。自由主义思想的出发点是，认清人类合作的价值和重要性。自由主义所计划并欲付诸实施的一切均是为了维持人类在相互合作方面今天业已达到的水平并使其进一步提高。而其最终理想则始终是想实现一种和平的、没有摩擦的全人类的全面合作。自由党人的思想里永远装着全人类而不是一部分人。它不依附于狭隘的团体，不终止于某个村庄、地区、国家和地球某个部分的边界。它是一种世界主义的、一种全球性的思想，一种包容了全人类和全世界的思想。从这个意义上说，自由主义是人道主义、自由的世界公民主义和世界主义。

在反对自由主义的思想统治着世界的今天，世界主义在大众眼里是受谴责的。德国有些过分热心的爱国者，不能原谅德国一些伟大的诗人，特别是歌德，因为这些诗人的思想感情不囿于民族主义，而是世界主义的。有人以为，在民族利益和人类利益之间有不可克服的矛盾，那些将其心血用于为全人类谋福利的人，必定漠视本民族的利益。没有什么比这种观点更颠倒黑白的了。如果说，那些为全体德国人民谋福利的人不会损害他自己狭小的家乡的利益的话，那么一个为全人类造福的德国人，同样也不会损害其同胞的特殊利益，这就是说，不会损害周围与他在语言、居所，特别是出身、思想方面都亲近的人们的利益。因为，一个人如果有志于使他所处的比较狭小的集体繁荣昌盛的话，那么他也同样会有志于全世界的繁荣。

信奉国家主义的沙文主义者声称，在各个国家的利益之间存在着不可克服的矛盾。他们想推行一种旨在使本国人民高居其他国家人民之上的政策，甚至可以为此不惜动用武力，他们常常大肆渲染一个国家和民族内部团结的必要和好处。他们越是强烈地强调对外斗争的必要，就越是强烈地要求人民内部的一致。自由党人绝不反对这种在内部实行的和平，而且，这样一项政治上的对于和平的基本要求正是从自由主义中萌生出来的；这种要求也正是依靠自由主义思想在18世纪设法获得的力量才成为一种居统治地位的要求的。在自由主义及其将和平作为绝对最高要求的思想被提上议事日程之前，各国都肆无忌惮地与别国打仗。即使在各国内部，也经常不断地发生冲突、争吵和流血的斗争。早在18世纪，卡洛顿发生了不列颠人的斗争；早在19世纪，德国发生了普鲁士反对奥地利的战争。在这场战争中，各方都有其他德意志国家参战。当时在普鲁士看来，站在意大利一边反对德意志的奥地利并不是什么坏事。而在1870年，只是由于事态的迅速发展，才阻止了奥地利去站在法国人一边参与反对普鲁士及其盟国的斗争。普鲁士军队引以为豪的许多胜仗，都是他们在同其他德意志国家的军队打仗中取得的。只有自由主义曾教育各国人民，在国内和好相处，它同样教育他们，对外也要维护和平。

自由主义从国际分工这一事实中提出了反对战争的关键的、不可辩驳的理由。分工早已超越了政治联盟体的界限。今天，没有一个文明国家直接通过本国的生产自给自足地满足了自己的需求。所有的国家都指望从国外进口商品，并用出口本国商品来支付进口。禁止国际商品交流会对人类文明造成严重损害，将葬送成千成百万人的福利，甚至其赖以生存的基础。在一个各国相互依赖外国产品的时代，战争有可能不再发生。因为一场由一个参与国际分工的国家进行的战争，可以通过禁运来决定胜负，所以一个国家若要考虑发生战争的可能性，则其政策必定是使国民经济能自给自足，就是说，它必须在和平时期就努力做到使国际分工停留在本国国界之外。如果德国想退出国际分工并努力使自己的一切需求均直接由本国的生产来满足，那么它就将减少德国每年的劳动生产总值，这样就会使德国人民的福利、生活水准和文明程度大大下降。

二　自决权

前面已说明了，只有当一部民主的国家宪法提供保证，使现行体制能毫无摩擦地充分顺应国民的意愿时，一国内部的和平才能实现。要使国家间的和平也得到保障，就需要合乎逻辑地实行同样的原则，舍此无他。

较早的自由党人的想法是各国人民生来都温和，只是那些君主们想要战争，想通过占领地域来扩大其权力和财富。所以他们认为，只要用依附于人民的政府来取代君主统治，就足以保证长久的和平了。如果在人民国家出现了下述情况，即历史上形成的、在向自由主义过渡时的国界不再符合国民们的意愿，那就必须根据体现公民意愿的全民表决的结果来和平地改变国界。如果某一部分国土上的居民明确表明，要加入不是他们眼下所居住的另一个国家，就必须使人们有可能改变国界。俄国沙皇在17世纪和18世纪将大片领土纳入自己的帝国，而这些领土上的人民从未有过从属俄罗斯国家的愿望。即使这个俄罗斯帝国真的实施一部完全民主的宪法，这些领土上的居民们的愿望也不会得到满足，因为他们根本不愿与俄国人一起同属一个共同体性质的国家联盟。他们的民主要求乃是：脱离俄罗斯帝国，建立一个独立的波兰国、芬兰国、拉脱维亚国、立陶宛国，等等。这样除了通过战争以外，便没有其他办法可以满足这种要求以及其他国家人民（如意大利人、石勒苏益格—荷尔斯泰因的德国人、斯拉夫人和哈布斯堡帝国内的马扎尔人）的类似愿望。这就是欧洲自维也纳会议以来所发生的一切战争最重要的根源。

所以，在属于哪个国家这个问题上，自决权便意味着：假如一方领土——不管是一个村庄、一片国土或几片相连的国土——上的居民通过没有偏见的表决表明，他们不希望留在自己目前所属的那个国家联盟内，而想建立一个独立的国家或希望属于另一个国家，人们应对这种愿望加以考虑。唯如此，方能有效地阻止内战、革命和国家间的战争。

有人把这称为"民族自决权"，那是对这个自决权的曲解：这里涉及的不是一个单一民族的自决权，而是指任何一片领土上的居民都可以就自己想属于哪个国家联盟作出决定。有人甚至这样把自决权当作"民族自决权"来理解：给一个民族国家以权利，使它将本民族的，但属于另一国土的部分人民违背其意愿地从他们的国家联盟中分离出来并入自己的国家，这是更具恶意的曲解。意大利的法西斯分子从民族自决权引申出将契诺州以及其他州的部分领土从瑞士分离出来与意大利合并的要求，而不管这些州的居民根本不愿意这样做。有一部分泛德意志人对德意志瑞士和对荷兰的态度与此相似。

我们所说的自决权并非民族自决权，而是任何一块大到足以构成一个独立行政区的领土上的居民的自决权。本来，只要有可能，就应给任何个人以这种自决权。只是这一点行不通，因为出于强制性的管理技术上的考虑，国家对一片地区的管辖必须是统一规划的，所以，把自决权限制在地区居民多数人的意愿上是必要的，而这个地区应大到足以在地区行政管理方面构成一个统一的地区。

自决权——在其起作用的时候以及在那些人们本想让其起作用的所有地方——在19世纪和20世纪导致了或本来会导致民族国家的形成和多民族国家的崩溃，这皆是出于有资格参与公民投票表决的人们的自由意志。建立把一个民族所有的人都包括在内的国家是自决权的结果，而不是它的目的。若是有部分国民觉得国家式的独立或与其他国家的人民组成国家联盟比单一民族的国家更好，对此，人们当然可以通过宣传单一民族的思想来争取这部分人，使他们改变自己的政治意愿。但如果违背部分人的意愿而引用民族具有更高权利的说法来决定他们的政治命运的话，那就无异于用某种变相的压制损害了自决权。如果由德国、法国和意大利来瓜分瑞士，即使这种瓜分可以精确地以语言为界来进行，那也同样是一种如当年瓜分波兰一样是对自决权的粗暴侵犯。

三　和平的政治基础

在经历了世界大战以后，对长久和平的必要性的认识很可能已成为越来越多的人们的共识。然而，有一点还一直未被人们重视,即只有通过不懈地、普遍地推行自由主义的纲领才能获得永久的和平。世界大战完全是过去数十年反自由主义政策产生的自然而又必然的结果。

把战争爆发的责任推在资本主义身上纯系无稽之谈。有人清楚地看到了关税保护政策与战争爆发之间的联系,因而相信——当然是出于对事物糟糕的无知——可以把保护性关税与资本主义直接等同起来。这些人在这里忘记了,他们不久以前还在谴责资本主义("金融资本""黄金国际"和"贸易资本"),说它是无祖国的,是与必要的保护性关税相对抗的;他们忘记了,人们不久以前还可以在所有的民族主义的文章中读到对国际资本的激烈攻击,这些文章指责国际资本畏惧战争和亲善和平。最愚蠢的是把战争爆发的责任推给军火工业,军火工业之所以产生并急剧膨胀起来,是因为好战的政府和国家需要武器。若是认为,国家出于对大炮工厂的喜爱而转向帝国主义政治,那真是太荒谬了。军火工业同其他任何工业一样,是为了满足需要而建立起来的。要是国家更喜欢其他产品而不是大炮和炸药,工厂主们就会去生产前者而不是后者。

可以相信,今天要求和平是人们的普遍愿望。但人们并不清楚,为了保护和平,需要哪些条件。

为使和平不受干扰,就必须消除人们对战争的爱好。必须建立一种制度,为国家和人民创造它们感到满意的生活环境,从而使它们不去采用战争这种极端手段。

自由党人不想用伦理道德和说教来排除战争,而是寻求在社会中创造消除战争根源的条件。

这种做法的首要前提是建立私有制。如果这种私有制即使在战争中也必须得到维护,如果胜利者不能将他人的私有财产攫为己有,如果攫取公共财产意义不大,因为到处都是生产资料私有制,这样就已经消除了发动战争的一个重要原因。但为了确保和平，这样做还远远不够。为了使自决权不致成为装模作样的东西，必须采取政治措施，使得一块土地由一个国家主权到另一个国家主权的过渡尽可能地成为无足轻重之事，并使这种过渡不会给任何人带来损害或好处。有人想象不出，为此需要做些什么，因而有必要举一些例子来加以说明。

试拿一幅中欧、东欧的语言和民族地图在手，就可以看到在北部和西部的波希米亚，民族边界如何频繁地与铁路线相交。这里，在干预主义和国家社会主义的国家里，人们无法使国界和民族边界一致。捷克国家的国家铁路通过德国的领土，这是不合适的。但更不合适的是，若是在一条铁路线上，每隔几公里都要换一个管理运行的机构。同样无法想象的是，每行驶几分钟或几十分钟后都要在形形色色的关卡停下来。这样就很容易理解国家社会主义者和干预主义者得出的结论了：不许破坏这些地区"地理上"或"经济上"的统一性，因而必须把这个地区交给"一个主人"（不言而喻，每个民族都试图证明，唯独它自己有权利和资格充当这种主人的角色）。对自由主义来说，这里根本不存在什么问题。私人铁路可以不受任何当局干预地在许多国家的领土上通行无阻。如果对人、畜和商品均没有关税边界和交通阻碍，那么一列火车在几个小时的行驶中要穿越多少国界，就无关紧要了。

从语言地图上，我们还可以看到民族飞地。一些人聚居在语言孤岛上的封闭的移民区内，与同民族的国家（指该国主要民族）的领土不连在一起。在当今的国家关系中，人们无法在政治上把他们归入他们的故国。而今天的国家就像一个关税经济区，它需要国土直接连成一片。一块小小的"外来移民区"，由于经济政策和关税政策的作用，处于一种同它直接毗邻的地区相隔绝的状态，因而它的经济不能振兴。但如果经济流通自由，且国家的责任仅限于维护私有财产，这个问题就迎刃而解了。语言孤岛上的移民可以不必仅仅因为没有大陆桥与本民族连在一起而遭受民族压迫。

声名狼藉的"走廊问题"也只有在帝国主义、国家主义和干预主义的制度下才会产生。一个内陆国家被周围邻国的领土与海洋隔开,为使自己的对外贸易不受周围邻国的干预主义和国家社会主义政策的影响,它相信自己需要一条通向海洋的"走廊"。如果实现了贸易自由,对内陆国家来说,拥有一条走廊就显得不那么值得向往了。

从一个国家社会主义意义上的经济区过渡到另一种经济区,会深刻地影响物质生活。比如上阿尔萨斯的棉花工业区,它已曾两度转手,又比如上西里西亚、波兰的纺织工业区,等等。当一个地区的国籍变更给其居民带来好处或坏处时,这些居民决定自己希望归属哪个国家的自由度就大大受到限制。只有当每一个人作决定时是出于自由的意愿而不是出于患得患失的心理,才谈得上真正的自决。在以自由主义方式组织起来的资本主义世界里,不存在互相隔离的"经济区",在它那里,全球组成一个单一的经济区。

自决权只对那些形成多数的人有好处。为了使居少数的人也得到保护,就需要采取内政措施。我们先来看看教学政治措施。

今天在大多数国家存在着强制教育或至少是强制性授课制度。父母有责任将子女在一定的年度内送到学校或不将他们送到学校而在家里让人给他们上同等程度的课程。探究当年赞成和反对这种强制性学校和授课教育的理由已没有什么意义,今天人们丝毫不去注意这些理由了。在评论这个问题时,人们只考虑到一个理由,即保持强制性学校和授课教育与努力创造持久的和平是水火不相容的。

伦敦、巴黎和柏林的居民们在这里会不相信地摇头。这个强制性学校和授课教育在全世界同战争与和平能有什么关系呢?人们对这个问题与对许多其他问题一样，就是不能单单从欧洲西部人的观点来评判。在伦敦、巴黎和柏林，教育问题当然很容易解决。在这些城市中不会存在用什么语言来上课的疑问。从民族立场来说，居住在这些城市并将其子女送到学校的居民，总体上可以被看作是一致的。即使居住在伦敦的非英国人，也把用英语而不是用其他语言授课看成是理所当然，而且是有利于自己的子女的。巴黎和柏林的情况与此毫无二致。然而，在其他混居和比邻相居着操不同语言民族的地区，这个学校教育和授课问题就不可同日而语了。这里，应该用什么语言作为讲课基本语言的问题具有决定性的意义。它可以决定民族的未来。人们可以通过学校教育使孩子们同他们的父母所属的民族疏远开来，人们可利用学校来实行民族压制。谁把持了学校，谁就有了权力来侵害外来民族而保护本民族。

有人建议，将每个孩子送到教授其父母所说语言的学校。这不是解决这个问题的办法。首先——完全撇开混血儿不谈——要决定父母说的哪种语言并非总是轻而易举之事。在语言混杂的地区，职业需要许多人运用境内所用的各种语言。而另一方面——也是出于职业方面的考虑——对个人来说不可能公开表态支持这一个或另一个民族。在干预主义统治之下，这样做可能使他失去另一个民族的主顾或者在一个属于另一个民族的老板那里丢掉饭碗。此外，还有许多家长恰恰愿意把自己的子女送进其他民族的学校，因为他们更看重的是双重语言的优点或与其他民族相联系的优点，而不是对本民族的忠诚。若让家长们去选择将其子女送到哪所学校，那就是让他们处在各种可以想象得到的敲诈勒索之下。在所有民族混居的地区，学校是一种高度重要的政治机构，如果人们把它保留为一种官方的、强制性的机构，就无法使它非政治化。只有一个办法，就是国家、政府和法律无论如何不许过问学校和授课的情况，不许把公共资金用于这方面，教育和教学必须完全让家长和私人团体及机构去办。

让一些无赖不上学长大起来，要比让他们上学，却是为了在他们长大成人以后被人打死或弄成残废强。

为了消除语言混杂地区民族之间的摩擦，必须取消通过义务教育和义务授课实行的强制性智力教育。然而长时间来，人们并没有竭尽全力去这样做。学校是实行民族压制的一个工具，就我们的感觉而言，它也许是最危险的工具，但它肯定不是唯一的工具。政府对经济生活的任何干预都可以成为一种民族的手段。从这个角度来看，则人们必须为以维护和平而将国家行动限制在按其严格界定的词义所必不可少的领域内。国家机器要保护和维护个人的自由、生命、健康以及私有财产，这一点是不能放弃的。然而，在那些存在着某种办事不公的因素的地方，为达到上述目的而采取的司法行动和警察行动就可能产生危险。只有在没有特别的因由导致不公正的地方，人们通常才不用担心某位法官在运用保护生命、健康、自由和财产的法律时处事不公的问题。但是，要是在居民的各个团体之间，由于宗教的、民族的或类似原因而存在着很深的隔阂，而且这种隔阂不属于任何一种正当的感情冲动或人性的冲动而纯粹是一种仇恨，那就是另一回事了。这时，有意识地，更经常是无意识地不公正行事的法官，如果是为自己的团体服务干这份差使的，就要考虑去履行一种更高的职责。只要国家机器所关心的只是保护生命、健康、自由和财产而不是其他什么东西，那么，人们就总还可以制定出精确的规定让行政当局和法官遵循，使官员或法官只有在很狭窄的，甚至根本没有活动余地的条件下去自行其是甚或专横跋扈。但若将一部分经营生产的活动交给国家机器，使它拥有动用高级物资的权力，那就不可能使行使政府职能的管理者遵守规定、保障公民一定的权益了。一项给杀人犯量刑的法律可以在谋杀和非谋杀之间大致划出一条界线，这条界线对法官的自行其是作了一定限制。然而任何律师都最清楚不过地知道，在实践过程中，最好的法律也可能在解释、说明和运用时被滥用。当然，对于管理交通、矿山或国有土地的机构，即使它出于第二章中业已陈述的理由拥有自由支配的权利，人们也还是能加之以很大的约束，使它几乎无法作出一些极一般性的、因而毫无意义的指示，避免在民族发生争论的问题上出现不公正现象。但在许多事情上，人们赋予这种机构以自由活动的余地，因为人们不可能预先断定，它将在什么情况下处理事情。这样就为专横、不公正和滥用职权开了方便之门。

不同民族的人居住在一起的地区，也必须建立一套统一的管理系统。人们不可能在每个街角设一名德国警察、一名捷克警察，让他们各自只管本民族的人。即使真能做到这一点，也马上会产生这样的问题：如果两个民族的人都肇了事，谁有资格采取行动。在这些地区，因管理划一而出现的弊端是不可避免的。如果将国家活动扩大到其他领域，即那些因国家活动的天性而会给专横跋扈以更大活动余地的领域，势必大大加重在保护生命、健康、自由和财产领域内业已存在的困难。

在世界广大地区，都不是单一民族、单一人种、单一宗教信仰的人住在一起的，而是各种各样的民族杂居在一起。由生产地点的转移而必然产生的人员流动不断地给新的地区带来民族杂居的问题。如果不想人为地扩大因这种杂居而造成的摩擦，就必须把国家的职能局限在国家的权限的范围之内。

四　民族主义

长期以来，在专制君主统治人民的时期，关于国家边界按民族来界定的思想是没有容身之地的。当统治者想把一个省份并到自己王国里来时，他很少会过问，那里的居民——臣民——是否同意更换王朝。唯一被想到的是，现有的军事力量是否足以用来占领并且保住这块新的领地。他多多少少地对外编造出一些装模作样的合法要求，为自己的行动辩护，而对有关地区的居民的民族问题根本不去过问。

国家的边界应如何去向，这个问题对自由主义来说，是一个与军事考虑和历史上的法律考虑不相干的问题。自由主义把国家建构在一块土地上大多数居民的意愿之上，摒弃一切过去对划定边界起决定性作用的军事念头。它摒弃占领权，它无法理解，有人怎么能说出战略边界的话来。它更不能理解，有人为了占有一片开阔地，就提出将一片领土并入自己国家的要求。自由主义不承认一个君王有继承一个省份的历史权利。在自由主义的思想中，一个王国只是一个管理和统治人的王国，而不是管理某一片领土的王国，更不能把生活在这片领土上的人视为土地的附属品。由上帝恩赐的君王带着国土的称号，例如"法兰西国王"。自由主义推出的国王不以国土相称，而以他作为立宪国王所统治的人民的名字相称。就如路易斯·菲力普的称号是"法国人王"，类似的有"比利时人王"，过去还有过一个"海伦人王"。

自由主义创造了一种法律形式，人民愿意或不愿意属于某一个国家，均可通过它来表达：公民投票表决。通过表决来决定某一领土上的居民希望属于哪个国家。然而，即使一切政治条件都得到了满足，以便不至于让公民投票表决成为装模作样的闹剧，即使此后可以让人在每一个乡镇就国籍问题直接进行表决，而且如果情况发生变化还可重新进行表决，仍然还会有一些解决不了的问题遗留下来。这种遗留问题可能导致不同民族之间的争执。如果有人通过表决的结果陷入不得不属于他不想属于的国家那种境地，这种情况的糟糕程度不亚于有人不得不去忍受一种军事占领的结果。而对那些因语言与自己的大多数伙伴分离的人，情况就更为严重。

作一个少数民族的人，总意味着是当二等公民。关于政治问题的争端必然要以口头和文字的形式，通过讲演、报纸文章和书籍进行，但是，这些手段对说外语的少数民族的人来说，与对那些其母语和口语就是政治辩论所用语言的人来说是不同等的。一个民族的政治观点是其政治文化思想的反映。对说外语的人来说，以法律形式反映这种观点有直接的意义，因为他必须遵循法律。但他有一种感觉，即他没有真正能参与立法者意愿的形成过程，或者没有能够像多数民族的人一样同等地参与这种意志的形成。要是他到法官或行政官员那里要求就涉及他的事情作出具体的决定，他所面对的人的政治思想与他完全不同，因为这些人是在另一种意识形态的氛围中长大的。

即使撇开所有这些不谈，单从少数民族的人在法庭上和在行政机构里不得不使用他所陌生的语言这一情况看，他就要在许多方面吃大亏。一位被告能否在法庭上直接与他的法官对话，庭讯是否必须通过翻译来进行，这里有天壤之别。少数民族的人处处感到他生活在陌生人中间，他只是一个二等公民，尽管法律条文中也许否认这一点。

所有这些弊端在其政府活动仅限于保护国家公民生命和财产的自由主义法制国家里已经显得十分严重了，而在干预主义甚至社会主义统治的国家里，这些弊端就变得令人完全不能忍受。如果行政机构到处都要去干预经济生活，如果法官和官员们作决定的活动余地大到可以为政治偏见留下一席之地，那么，少数民族的人们就只能听任多数民族的国家官员的专横跋扈和压迫。要是学校和教会也不能自由行事，而是屈从于政府的安排，这将意味着什么，对此前面已经详述过了。

从这里可以探寻侵略性的民族主义的根源。我们今天看到，这种民族主义还在活动。如果有人试图把今天存在于民族之间的对立归结到天然的而不是政治的根源上，那就错了。民族之间老早就出现了互相厌恶的各种征兆。有人喜欢将此作为证据提出来,但这种征兆同样也存在于各个民族内部。巴伐利亚人憎恨普鲁士人,普鲁士人憎恨巴伐利亚人。在法国人和波兰人那里,各个民族团体之间的互相憎恨毫不逊色。然而德国人、波兰人和法国人在他们的国家里却都和平相处。使波兰人对德国人、德国人对波兰人的憎恨显得具有特别政治意义的,是两个民族的每一方都想把德国人和波兰人比邻相居的边境地区的政治统治权攫为己有,并利用这种统治权对另一个民族实行民族压制。有人想通过学校使孩子们淡忘他们父辈的语言,有人通过法院和行政机构,通过经济、政治措施,通过没收财产来迫害说外语的人。这些均把民族间的仇恨煽发成熊熊大火。有人想通过武力手段为本民族将来的政治前途创造有利条件,因此在语言混杂的地区建立起一种压迫制度,这种制度已经成为对世界和平的威胁。

只要自由主义在民族混居的地区不能得到完全的贯彻,民族仇恨就必然变得越来越强烈,从而一再引起新的战争和暴动。

五 帝国主义

过去几个世纪中,具有占领欲的极权君主政权努力扩大势力范围和增加财富。但没有一个君王可以说已足够强大,因为他只有通过武力去对付内部和外部的敌人才能保住自己的统治;没有一个君王可以说已经足够富裕,因为他需要金钱来养活他的武士和酬劳他的随从。

对自由主义国家来说,国家领土的边界是否向外扩展这个问题无关紧要。靠吞并新的地区不能赢得财富,因为维持管理所需的费用必定会抵消从一块领土上获得的"收入"。对无意攻击别人的自由主义国家来说,加强军事力量并不重要。这就是为什么自由主义议会过去反对增加国家军事预算的企图、反对侵略政策、反对吞并欲望的原因。

第三章 自由主义的外交政策

19世纪60年代初，自由主义取得一个又一个成就。当时人们认为，自由主义的和平政策至少在欧洲已经是确定了。但这种和平政策是以各民族的自决权到处都得到贯彻为前提的。然而，专制主义政权不会自动下台。因此为了做到这一点，一开始需要进行一些重大的战争和起义。推翻在意大利的外族统治，保护石勒苏益格—荷尔斯泰因的德国人不受非民族化的威胁，解放波兰人和巴尔干斯拉夫人，所有这一切都只能通过武力来谋取。在这许多情况中，只有一种可以通过和平方式解决，这就是在自决权与现存政治制度陷于对立的情况下：自由主义的英国就曾解除了对约尼岛的统治。除此之外，到处都发生了战争和起义。从争夺德意志国家的斗争中衍生出无法止息的当代德法冲突；波兰问题依然没有解决，因为沙皇再度镇压了一次起义；巴尔干问题只解决了一部分；而由于无法解决哈布斯堡国家反对王朝意志的问题，乃是最终萌生出世界大战的直接动因。

现代帝国主义与专制君主王朝的扩张主义的区别在于，帝国主义的载体不是统治者及其王室，也不是贵族、官僚和士兵。这些人都指望通过掠夺来致富，用被占领的资金来装备自己。而帝国主义则被人民大众看作维护民族独立的最合适的工具。反自由主义的政治将国家的任务扩大到如此程度，以致人们的生活领域几乎没有一处不受国家的干预，在这样的政治结构中，人们必然对那些许多民族生活在一起的地区能否哪怕稍微令人满意地解决政治问题也丧失信心。如果这些地区的管理不是完全自由主义式的，那就连近似的各民族平等也谈不上了。那里就只能有统治者和被统治者。不当铁锤便当铁砧，别无他择。这样，力求成为一个尽可能强大的民族国家，将自己的统治扩大到所有民族混居的地区，就成为民族自保的不容拒绝的要求。

然而，语言混杂地区的问题并不限于发生在老的移民区土地上。资本主义为文明开辟了新的领地。这些新领地为生产提供了比大部分老居住区更为有利的条件。资本和劳动转向有利的地方，迁移运动于是开始了，它远远超过过去所有的民族大迁移。只有少数几个民族能让移民进入其政治权力掌握在民族同胞之手的地区，而在那些不具备这种条件的地方，就因迁移运动而产生了新的冲突。这种冲突是由一个地区的语言混杂引起的。单个说来——这里对此不作进一步探讨——海外移民区的情况与欧洲老移民区的情况不一样。但冲突皆由少数民族对处境不满而起，这一点归根结底都是一样的。出于保护同胞免遭这种厄运的愿望，人们一方面努力获取适合欧洲人移民的殖民地，另一方面则推行关税保护政策，保护在较差条件下生产的国内产品，以对付国外具有优势的竞争，从而使工人不致外流。为了尽可能扩大受保护的市场，人们还努力把不想用来移植欧洲人的地区也拿过来。随着19世纪70年代末以来贸易政治的兴起，随着欧洲工业国为取得非洲和亚洲的"销售地"而展开的竞争，现代帝国主义开始出现。

帝国主义这一名称一开始是用来表示与英国有关的现代扩张政治的，但英国的帝国主义一开始并不十分专志于吞并新的地区，而更多地致力于把臣服于英国国王的领地的各个部分建成一个统一的贸易政治体。这种情况是因英国——世界上拥有最多殖民地的宗主国——所处的特殊地位而产生的。但英帝国主义想通过建立自治领和本土的关税联盟来达到的目标，当然与德国、意大利、法国、比利时及其他欧洲国家获取殖民地的目标是一样的：为出口商品开辟受保护的销售市场。

帝国主义贸易政治的远大目标没有在任何地方达到过。全英关税联盟的思想一直没有实现。欧洲国家在过去几十年里吞并的地区，还有它们在其中获得了"租界"的地区，在向世界市场输送原料和半成品方面以及在相应地吸收工业品方面所起的作用均那么无足轻重，以致它们的贸易政治纽带并不能从根本上改变现状。为达到帝国主义所追求的目标，这些国家无法满足于只占领没有抵抗能力的野蛮人居住的地区，它们不得不向那些被具备足够打仗能力保卫自己的民族控制在手的地区伸手。然而帝国主义政治到处碰壁，或者今后将要碰壁。在阿比西尼亚、墨西哥、高加索、波斯、中国，我们看到帝国主义侵略者到处都在撤退，或至少已经陷于巨大的困难之中。

六 殖民政治

处在发现新大陆时代以来主导欧洲列强殖民政治的思想和观念，与一切自由主义的原则格格不入。殖民政治的主导观念是，充分利用白种人对其他种族的人的优势。欧洲人在各种武器以及欧洲文明为他们提供的各种辅助手段的武装之下向外出击，征服较弱小的民族，掠夺他们的财富并奴役他们。有人企图找借口来美化和掩饰殖民政治的真正动机，说他们无非是希望让野蛮民族分享欧洲文明的好处。就算这是那些远在地球另一部分的占领政府的真正意图，但自由党人从中却看不到任何可充分说明这种殖民带来好处和益处的证据。如果欧洲文明如我们所相信的那样果真高于非洲的原始部落，高于其风格得到高度评价的亚洲文明，那么欧洲文明就必须首先让那些民族自愿接受它，这才能证明自己的优越。人们除了用火与剑，别无他法来传播欧洲文明，这是否更糟糕地证明了欧洲文明的贫困呢？

历史上没有哪一篇章比殖民政治史更浸透鲜血了。血白白地、毫无意义地流淌，繁华的地区荒芜了，民族被蹂躏、被杀绝。显而易见，所有这一切都是无论如何也美化不了、辩解不了的。欧洲人在非洲和亚洲一些重要地区的统治是专制统治，它与自由主义以及民主的一切原则格格不入。毫无疑问，人们必须努力工作来推翻这种统治。这里唯一要做的事就是，用引起最小损失的方式来消除这种亟待改变的状况。

最简单和最彻底的解决办法当是，欧洲人将其官员、军队和警察从这些地区撤走，让居民们自己去管理自己。至于他们是否有这种明确要求，抑或是否需要在放弃殖民地之前由土著人举行一次没有偏见的表决，则并不重要。因为，一项真正没有偏见的表决会是什么结果，几乎是明摆着的。欧洲人在海外殖民地的政权，不能指望会得到被征服者的赞许。

这种彻底的解决方案一开始也许会产生这样的结果，那些欧洲人撤出的地区会陷入无政府状态，至少是不断争斗的状态。人们可以有充分的理由认为，土著人迄今从欧洲人那里学来的只有坏事而没有一点好事。这样说完全不是贬低土著人，而只是贬低欧洲人。他们教给当地人的除了坏事以外别无他物。他们把各种各样的武器和杀人工具带进殖民地，他们把最恶劣、最残暴的家伙派出去当官员和军官，他们在殖民地建立起一种黩武警察统治，这种统治在嗜杀成性和残酷无情方面毫不比布尔什维克的统治制度逊色。如果欧洲人自己在殖民地干的这种坏事将来会结出恶果，欧洲人不应对此感到惊奇。他们无论如何没有权利道貌岸然地指责土著人公共道德水平低下。他们想说，土著人还不成熟，不懂自由，为了使他们成熟起来，至少还需要用外族统治者的皮鞭继续对他们进行长年的教育。这种说法同样没有道理。因为这种"教育"绝对对今天存在于殖民地的恶劣状况负有一部分罪责，其影响也许要在欧洲的军队和官员撤走之后才会充分体现出来。

有人也许会说，撤销殖民地后，可以预料那里会出现无政府主义，欧洲人作为一个高等种族有责任阻止这种无政府主义，因而有责任为了土著人的利益和幸福保留自己的殖民统治。有人为了使这种理由更加有力，喜欢用阴暗的色调来描绘非洲内部和亚洲某些地区在建立欧洲人统治之前的状况，他们喜欢回顾过去阿拉伯人在非洲内部逐猎奴隶的情景，回顾某些印度专制君主干下的野蛮行为。在这些论证里面，肯定包含着许多虚假的成分。举例来说，人们不会忘记，非洲的奴隶贸易之所兴盛，是因为欧洲人的后裔跑到美洲殖民地去购买奴隶。但我们完全不必去深究这种论证的是非。要是他们除了假想的土著人的利益之外，拿不出什么别的东西来为保留欧洲在殖民地的统治辩护，那么人们就要说，这种统治应完全取消，越早越好。任何人均无权利为了增进别人的幸福而去干涉此人的事情，任何人都不应该为了自己的个人利益却借口自己无私地只为他人谋利益。

还有一种论调为保持欧洲对殖民地地区的局势施加影响辩护，说是如果欧洲人从未把热带的殖民地置于自己管辖之下，如果欧洲人没有把自己的经济体系的相当一部分与热带原料的海外农产品建立起联系，用工业品来购买这些原料农产品，那么今天人们大概会冷静地讨论这样的问题：把这些地区拉进世界经济圈来是否合适？然而情况并非如此。因为，所有这些地区本来就已经因殖民地化而被推进世界经济共同体的范畴了。今天欧洲的经济相当一部分建立在下述基础上，即非洲和亚洲的广大地区作为各种原料供应国已被吸收到世界经济体系之中。这些原料不是从这些地区的土著人那儿强行取走的，也不是作为贡品从他们那儿运走的，而是以自由交换的方式为换取欧洲的工业品交出去的。所以，这种关系不是建立在单方面受益的基础上，而更多的是互相受惠。殖民地居民从中得到与英国或瑞士的居民同样多的好处。若阻断这种交换关系，则不仅会给欧洲，也会给殖民地带来严重的经济损失，使广大群众的生活水平大大下降。如果说，这种缓慢地向全球扩展的经济关系以及世界经济的逐步发展是过去一百五十年中日益增长的财富最重要的源泉之一，那么，这种关系的加速萎缩就会意味着一场规模空前的世界经济灾难。这种灾难的程度和影响都将远远超过那次导致世界大战的经济危机。难道为了给土著人一种政治自决的可能，就应该让欧洲的，同时还有殖民地的福利大大降下来吗？更何况这种自决可能不会导致土著人获得自由，而只是更换一个统治者而已。

下面的观点在详论殖民政治问题时具有举足轻重的作用。欧洲的官员、军队和警察必须留在这些地区，只要为维护那里的法律和政治条件需要他们在那里待着。这些法律和政治条件是为了保障殖民地地区参与国际商品交流所必需的。必须做到使殖民地能从事贸易、手工业和农业活动，能开采矿山，能够通过铁路和河流将农产品运送到沿海地区、运到欧洲和美洲。而做到这一点符合所有人的利益，不仅符合欧洲、美洲和澳大利亚居民的利益。而且也符合亚洲和非洲当地人本身的利益。只要殖民地的殖民政权除此以外不做其他事情，那么人们今天即使从自由主义的立场来看对它在殖民地的行动也没有什么可指责的了。

然而每个人都知道，所有的殖民政权都在何等严重地触犯这个原则，人们根本不用非指出那些由可信的英国报告人报告的在刚果发生的骇人听闻的暴行不可。我们愿意这样认为，即这些暴行不是由比利时政府所策划的，而只应归因于被派到刚果的官员滥用职权以及他们恶劣的品性。但是，几乎所有殖民国家都在殖民地建立了一种贸易政体，给本国的商品以优惠，单单这一事实就表明了今天在殖民政治中居支配地位的想法与应有的想法是大相径庭的。

为了在一切经济管理问题上把欧洲人和白种人的利益同殖民地有色人种的利益和谐地协调一致，必须把对所有没有议会政体的海外地区的最高管理领导权交给国际联盟。国际联盟要做好督促工作，使今天尚没有自治权的每一个地区尽快得到这种权利，并使殖民国本土的影响仅限于保障外国人的财产、个人权利以及贸易关系。如果殖民国某些措施越轨，则不仅土著人而且其他国家的人都应该有权直接向国际联盟申诉，以从根本上保证贸易、交通和经济行为的安全。国际联盟必须有权切实处理这种申诉。

贯彻这些原则一开始会使欧洲国家所有的海外地区都变成国际联盟的托管地，但这也只能被看作一个过渡阶段，最终目标必须是把殖民地从其今天所处并被牢牢把持着的专制政权下彻底解放出来。

用这种方法来解决困难的，而且变得越来越困难的问题，必定不仅会使没有参与殖民占领的欧洲和美洲的民族，而且也会使其他两方——殖民者和土著人感到满意。殖民大国必须认清，从长远看，它们没有能力保持自己在殖民地的统治地位。土著人由于资本主义的入侵而变得独立起来。他们中的上层人士与以殖民国名义负责管理的军官和官员们之间文化上的差距在消失，而军事上和政治上的权力分配今天与上一代人相比已完全不一样了。欧洲列强、美国和日本想把中国当作一个殖民地那样来对待的企图已经失败；在埃及，英国人正在撤退，他们在印度已处于守势；至于荷兰人在一次重大进攻面前没有能守住英萨林，已是尽人皆知之事；法国在非洲和亚洲的殖民地的情况也没有什么两样；美国人对菲律宾人也不感到愉快，如果有合适的机会，他们就会放弃菲律宾。把殖民地转交给国际联盟保护，可以为殖民大国完整地拥有自己的投资提供担保，并且可以使它们在制止暴动时免于作出牺牲，而土著人如果在和平的进程中分享到独立，并同时得到保证，今后不会有占领欲很强的邻国来威胁自己的政治自主了，也一定会以感激之情欢迎这种做法的。

七　自由贸易

古典国民经济学的核心是关于关税保护以及自由贸易作用的学说。这一学说是如此明白，如此清楚，如此无可辩驳，以至反对者无法提出什么不马上被体无完肤地驳回的理由来反对它。

尽管如此，我们今天在全世界到处看到关税保护，特别是多种多样的赤裸裸的禁止进口现象。即使在英国这个自由贸易政策的制定国，关税保护在今天也是一张王牌。民族自给自足的原则一天天赢得越来越多的追随者。甚至只有区区几百万居民的国家如匈牙利和捷克斯洛伐克共和国，也在试图通过高保护关税政策和禁止进口使自己不依赖国外进口。在美国，对外贸易政策的思想基础是，对所有在外国用低成本生产的商品通过进口税来补足这种差额。在这里，荒诞的是，所有国家虽然减少进口，却同时想增加出口。这种政策的结果便是阻碍了国际分工，从而使劳动生产率普遍降低。这种劳动生产率的降低之所以还不十分明显，仅仅是因为资本主义经济的进步总是大到能足以抵消这种降低。但显而易见，要是没有关税保护政策人为地将生产从有利的当地生产条件推入不太有利的条件的话，那么今天所有的人会更加富裕。

在贸易交往完全自由的情况下，资本和劳动会被投放到能提供最佳生产条件的地方。只要能有地方在更有利的条件下生产，人们便不会去利用不太好的生产条件。通过交通工具的扩大，通过技术改进，通过对新开发地区的比较深入的研究，人们看到，有些地方的生产条件比现有生产地点强，于是生产地点便发生转移，资本和劳动努力从生产条件不太好的地区转向生产条件较好的地区。

但资本和劳动的流动有一个前提，即不仅要有完全的贸易自由，而且资本和劳动在从一个地区到另一个地区的流动过程中不会遇到障碍。在古典自由贸易学说盛行的时代，提出这种前提是不切实际的。那时不仅对资本的自由流动，而且对工人的自由流动都存在一系列的障碍。资本家们因不了解情况，因得不到普遍的法律保障以及一系列类似原因而不敢将自己的资金投放到外国。对工人们来说，则由于语言不通，加上法律、宗教和其他方面的困难而无法离开祖国。19世纪初，人们固然可以笼统地说，任何一个国家内部的资本和劳动都是自由流动的，但在国家间的交流方面，资本和劳动的流动却受到了阻碍。资本和劳动自由流动的条件仅适用于国内交流，却并不适用于国与国之间的交流，仅从这里就可以找到为何在国民经济理论中把国内贸易和对外贸易分开的原因。因此，古典理论所要回答的问题就是：如果国与国之间资本和劳动的流动受到阻碍，国与国之间的商品自由交流有什么作用？李嘉图的学说对这个问题作了解答：生产部门以下述方式分布在各国，即每个国家生产它对其他国家具有最大优势的产品。重商主义者们曾经害怕，一个生产条件不太好的国家进口大于出口，乃至最后会不名一文。他们于是提出了实行保护关税和禁止进口的要求，以便及时制止这种令人担心的糟糕情况。古典学说指出，重商主义者的担心是没有根据的，因为一个国家即使每个生产部门的生产条件都劣于其他国家，也不必担心出口会少于进口。古典学说以出色的、不可辩驳的、无人能否定的方式提出了论据，说明即使生产条件较好的国家也不得不看到，从生产条件不太好的国家进口某些产品是有好处的，它们固然具有优势去生产这些产品，但其优势程度不如它们在专门生产的其他产品方面。

  古典自由贸易学说告诉政治家以下一番话：有的国家具有较好的自然生产条件，而有的国家的自然生产条件不太好。国际分工即使在没有政府干预的情况下也将导致每个国家在国际劳动联合体中找到自己的位置，而不管其生产条件比较好或不太好，当然，那些具有较好生产条件的国家会富裕一些，而其他国家则贫穷一些，但对这种情况即使用政策也是改变不了的。这正是自然生产因素差异的结果。

  这就是较早的自由主义面临的形势，它用古典自由贸易学说对这种形势作了回答。但自李嘉图时代以来，世界上的情况已发生了非常大的变化，在世界大战爆发前的最近60年中，自由贸易学说所面临的形势同它在18世纪刚开始时以及在19世纪初估计的那种情况完全不一样。因为在19世纪，一部分在世纪初反对资本和劳动自由流通的阻力已被排除。对资本家来说，将资本投放到外国在19世纪后半期要比在李嘉图时代容易得多。法律保障已明显地大大提高，人们对外国及其风俗习惯的认识越来越深入，股份制提供了将远方企业的风险分摊到许多人头上，从而减少了这种风险的可能性。但如果有人说，20世纪初国与国之间的资本流动与国家内部的流动一样方便，那也肯定是夸大其词。这里还存在着相当大的差距。尽管如此，已不可能有人认为，资本只到国界为止了。劳动力的情况亦同样如此。19世纪下半叶数百万欧洲人离开了欧洲，以便在海外可以比较容易地找到工作。

在资本和劳动不能自由流动的条件下，产生了古典自由贸易理论。随着这一条件的消失，那种把国内交流中的自由贸易作用和国外交流中的自由贸易作用相区别的做法也失去其正确性，因为现在对外交流合适的东西同样适用于国内交流：自由贸易导致只有较好的生产条件得到充分利用，而不太好的生产条件则无人利用，于是，资本和劳动从生产条件不太好的国家涌向生产条件比较好的国家，更明确地说，便是资本和劳动从老的人口密集的欧洲国家涌向美洲和澳洲这些生产条件较有利的地区。对那些除了在欧洲的老移民区外，还在海外拥有适于欧洲人移民的地区的民族来说，这就无非意味着，把一部分自己的人口移到海外。例如对英国来说，就有一部分子民在加拿大、澳大利亚或南非居住。离开英国的移民可以在其新的居住地保留英国公民和英国民族的身份。德国的情况有些不一样。一个流亡的德国人来到国外，生活在外国民族之中，并成为外国的公民，可以认为，在一代人、两代人至多三代人以后他就会失去自己的德意志民族特性,他将融入外国民族之中。德国面临的问题是,它是否袖手旁观自己的一部分资金和子民流向外国。

人们不应错误地认为,英国和德国在19世纪后半叶面临的贸易政治问题是同一个问题。对英国来说,问题是是否应容忍它的一些子民移居到自治领去,实际上没有理由对这种移民制造任何障碍。而对德国来说,问题则在于,是否应冷静地许可德国人移民到英国的殖民地、南非和其他国家。可以相信,这些移民在那里随着时间的推移将放弃自己的民族身份和国籍,犹如过去移民到国外的成千上万,甚至上百万德国人所做的那样。由于德国不愿意出现这种情况,因此,这个在60年代和70年代已经越来越倾向自由贸易的德意志帝国到70年代末重又转向用保护关税来保护德国的农业和德国的工业,同外国的竞争对抗。在这种关税保护之下,德国的农业可以在一定程度上经受得起来自在比较肥沃的土地上经营的东欧和海外的农产品的竞争,德国的工业则可组成卡特尔,将国内的物价保持在高于世界市场的水平,通过由此获得的利润使德国工业能够在国外以世界市场的价格,有时甚至以低于世界市场的价格出售自己的产品。

然而,德国推行的返回关税保护的贸易政策达不到它的最终目标。正是由于保护性关税,德国的生活和生产成本越来越高。于是,贸易政策的环境也必然随之越来越困难。确实德国在新贸易政策的头30年内在工业上取得了蓬勃发展,但这种蓬勃发展本来即使不采取关税保护也是能取得的,因为它主要是在钢铁工业和化学工业中引进了新的工艺的结果,这种新工艺使德国工业能更好地充分利用德国丰富的地下资源。

今天的贸易政策环境的特点表现为,反自由主义的政策取消了国际交流中工人的自由迁徙,并且不无明显地限制了资本的流动。它在一定程度上重新消除了19世纪初和19世纪末之间存在的国际交流条件的差别。资本,特别是劳动力的流动又受到了阻碍。在这种情况下,不受阻碍的商品交流无法引起资本和人员的流动,于是它又导致各个民族转向自己拥有相对最佳条件的生产活动。

但是,不管国家间的贸易交往条件如何,关税保护永远只能达到一个目的:生产不是在那些自然和社会条件最佳的地方进行,而是在另外的地方,即在条件较差的地方进行。由此可见,关税保护政策的结果是使人类劳动的成果越来越少。国家用保护主义政策所反对的是一种坏东西,对此自由贸易者不想争辩,他只是断言,帝国主义者和关税保护者们所主张的手段并不能消除这种坏东西。所以他提议走另一条道路,有些民族,如德意志民族或意大利民族在对世界进行分配时被认为像继母一样,使它们的子民不得不迁移他处,在非自由主义国家政体的条件下被非民族化。这正是自由主义要改变的当今国家关系的一种状况,因为只有这样才能为和平不受干扰创造条件。

八 自由迁徙

有人不时责备自由主义,说它的纲领绝大部分是消极的。自由的本质已经决定了这一点。因为自由只能被设想为是不受任何拘束的自由,而对自由的要求则存在于对任何要求的拒绝之中。与此相反,有人认为,权威政党的纲领是积极的。消极与积极这两种表达方式中通常含有一种完全确定的价值取向,有人正是企图用这种表达方式来诽谤自由主义的政治纲领。

这里还需再重复说一遍,自由主义——一个建立在生产资料私有制基础上——的纲领,其积极性不比任何其他最理想的政治纲领差。自由主义纲领中消极的东西只是在于它否定、拒绝和反对所有那些与这个积极的纲领相对立的状况。而自由主义纲领的这种抗争行为——顺便提一下,这和任何党派的纲领一样——取决于反对派对纲领的态度。哪里反对派的阻力最大，哪里的自由主义的反击也就一定最激烈；哪里的阻力比较小甚或根本没有，哪里的自由主义纲领视情况只需短短一句话就够了。在历史的进程中，自由主义面对的阻力是变化不定的，因此，自由主义纲领中的抗争部分也有一些变化。

这种情况在自由迁徙问题上表现得最清楚。自由主义主张每一个人有愿留在哪里就留在哪里的权利。这当然不是"消极的"要求。每个人可以在他认为最好的地方工作和生活，这属于建立在生产资料私有制基础上的社会的根本品质。这个要求只是在那些限制劳动力自由迁徙的地方，才变得消极了。随着时间的流逝，自由迁徙权的这种消极成分经历了翻天覆地的变化。当自由主义在18世纪和19世纪兴起时，它要为移民的移出自由而斗争，今天则是为了移入自由而斗争。当初的法律阻止住在城外的居民迁入城内，并且规定，要对想离开自己祖国到国外营建一种更好的命运的人施以严厉惩罚。自由主义当时不得不反对这种法律，而在那时移民从外移入还通常是自由的，不受阻碍的。

众所周知，今天的情况已不同了。数十年前，开始有法律反对种植园工人和中国人移民进来。今天世界上所有对移民具有诱惑力的国家，都有程度或轻或重的严厉的法律，或者完全禁止移民移入，或者对此加以非常严格的限制。

可以从双重角度来看限制移民移入的政策：一种是工会的政策，另一种是民族的保护政策。

工会——如果我们这里撇开各种工人的强制性组织采取暴力手段、义务性的罢工以及对工人意愿实行武力压制不谈的话——只有通过下述手段才能按自己意图去影响劳工市场，即限制劳动力的供给。然而由于今天工会无法减少活在世界上的工人的数量，因此它们只有一种办法，即通过制止工人流入，以损害在其他工业部门工作或在其他国家生活的工人为代价来减少某一工业部门或某国的工人数量。出于实际的政治原因，制止国内其他工人进入某一工业部门的做法只能在一个有限的范围内奏效。与此相反，对外国实行这种禁止办法在政治上就没有什么困难了。

在美国，天然生产条件和与此相关的劳动生产率以及工资要比欧洲大部分地区好。要是可以自由迁徙的话，欧洲的工人会大批移民到美国去，到那里去寻找工作。但这一点因美国的移民法而极难做到，所以在美国的工资就保持在高于它如若实行移民完全自由所能接受的工资的水平，而在欧洲的工资则低于这个水平。一方面是美国工人得益，另一方面是欧洲工人受损。

但如果只从对工资的直接作用来看限制自由迁徙的影响，那是错误的。这种影响要大得多。因为在生产条件不太好的地区劳动力的供给相对过剩，而在生产条件比较好的地区工人数相对不足，于是，彼处的生产进一步发展，而此处的生产更加萎缩。若在充分自由迁徙的条件下就不会出现这种情况。可见，限制自由流动的影响与保护关税的影响是完全一样的，它导致世界上部分地区较好的生产条件得不到充分利用，而世界上其他部分地区不太好的生产条件却被竭尽利用。从人类的立场来看，它降低了人类劳动的效益，减少了供人类使用的物质财富。

因此，想从经济角度为限制移民移入的政策辩护历来是徒劳的。限制移民移入降低了人类劳动的效益，对此不容有丝毫疑问。当美国或澳大利亚的工会限制移民移入的时候，它们反对的不仅是地球上其他国家工人们的利益，而且也是在反对所有其他为自己谋取特殊好处的人们的利益。这里有一点还不能完全肯定，即通过实行完全自由迁徙提高人类劳动的一般效益，是否能大到使美国和澳大利亚工会的会员们因外国工人流入而遭受的损失得到完全补偿的程度。

美国和澳大利亚的工人们如果还找不到另外一个理由为自己的行为作出解释，他们就限制不了移民的移入。某些自由主义的原则和思想直至今天还一直有很大的力量，使得有些人无法反对它们，如果这些人不能在获取生产最高效益的利益之上提不出所谓更高、更重要的利益的话。我们已经看到，有人如何利用民族动机来为保护关税辩护。那种为限制移民移入而提出的利益也是一种民族利益。

如果对从国外来的移民完全开放，移民们就会从欧洲人口过于密集的地区一大批一大批地涌向澳洲和美洲，其数量之大将使人不再能指望对他们实行民族同化。从前，从国外迁入美国的移民不久就接受了英语和美国的风俗习惯，其部分原因要归结到他们不是一下子以如此众多的人数过去的。小股的移民分布在广袤的国土上，很快就在巨大的美国民族中解散了。当后来的移民踏上美国的土地时，先前到来的移民已一个个都被半同化了。民族同化的一个最重要的前提是，外来民族的移民人数不过于庞大。有人认为，这种情况现在会发生变化，而且存在着一种危险，即美国的盎格鲁—撒克逊民族占优势的统治地位，或更正确地说是单独统治地位，将会崩溃。有人特别担心这种崩溃将源自亚洲——蒙古种族的强劲的移民。

这种担心对美国来说也许是过分夸张了，但对澳大利亚来说肯定不是夸张。澳大利亚的居民人数与奥地利差不多，但其面积却是奥地利的100倍，且其自然资源肯定比奥地利丰富。要是放开向澳大利亚移民，那就可以设想，短短几年后，澳大利亚居民的大多数人极有可能是日本人、中国人、马来西亚人和中南美洲的种植园工人。

今天世界上大多数人对外来民族，特别是对外来人种的人的厌恶感是如此强烈，以致人们完全可以理解他们反对用和平方法来解决这种矛盾的想法。几乎无法设想，澳大利亚人会自愿同意英国民族的欧洲人移民进来，他们也绝不可能会允许亚洲人在他们这块土地上寻找工作和安身之所。英格兰籍的澳大利亚人的立场是,英国人最早移居这个国家,这一情况赋予英格兰民族永远有单独拥有这整块大陆的优先权。世界上其他民族的人丝毫不想对澳大利亚人在澳大利亚拥有的一切东西提出异议,他们只是认为,澳大利亚人不许他人充分利用在澳大利亚未被开发的比较好的生产条件,而迫使他们在自己家乡不太好的生产条件下工作,这是不合适的。

这个对世界命运最重要的争论问题能否得到满意的解决,关系到文明的存在与否,这一问题的现状是:一方面成千上亿的欧洲人和亚洲人被迫在不太好的生产条件下劳动,而不能到那些生产条件较好的封闭起来的地区工作。他们要求打开这个禁止入内的伊甸园的边界,因为他们从中看到自己劳动效益可以得到提高和由此而来的更多的福利;另一方面则是那些幸运的人,他们已经把具有较好生产条件的国家称为自己的国家,他们——只要他们是工人而不是生产资料的拥有者——的地位保证了他们有较高的工资,他们不愿放弃这较高的工资。整个民族都一致地害怕外国人泛滥成灾,他们害怕自己有朝一日可能在自己的国家被挤成少数,从而不得不忍受各种各样可怕的民族迫害,就像今天在捷克斯洛伐克共和国、在意大利、在波兰的德国人所遭遇的那样。

这种担心是有道理的,对此人们无可争辩。在今天国家拥有充分权力的情况下,少数民族不得不担心处于多数的另一个民族干出最坏的事情来。只要国家机器拥有充分的权力——这种权力在今天已经有了并且得到了今天的公众舆论的认可——对人们来说,一想到不得不在一个其政府掌握在另一个民族的国家中生活,便会不寒而栗。在一个到处都遇到居统治地位的多数民族迫害——在虚假的公正掩盖之下——的国家里生活,那是十分可怕的。同样可怕的是,早在学校时就因为民族籍贯而受到歧视,并且因为不属于居统治地位的民族而在任何司法机关、任何行政机关都受到不公正待遇。

如果从这种角度来考察冲突，便会使人感到，除通过战争来武力解决以外，别无他法解决这种冲突了。可以认为，这时数量上处于弱势的民族会遭到失败，因此，数以亿计的亚洲民族就会成功地把白种人的后裔从澳大利亚逐出去。但我们绝不愿意去作这种猜测，因为可以肯定，这种战争——我们倒是完全可以相信，一个波及面如此广的世界性问题不可能一下子通过一场战争来解决——必将导致人类文明最可怕的灾难。

同样清楚的是，如果人们执著于多事之国的理想，对每个人的生活方式进行干预，甚至完全执著于社会主义国家的理想，这个迁徙问题就不可能解决。实行自由主义则可以使今天看来不可能解决的迁徙问题消失。在一个自由主义执政的澳大利亚，如果这块大陆上的一部分地区是日本人占优势，而另一部分地区是德国人占优势，由此还会产生什么困难呢？

九　欧洲合众国

美利坚合众国是世界上最强大和最富有的国家。除此之外，没有任何地方的资本主义能够通过政府来更自由、更少阻力地得到发展。因此，美国的居民远比地球上任何其他国家的居民富裕。六十多年来，他们的领土没有遭受过战争。要是他们没有发动过对土著人的灭绝性战争，要是他们在1898年并非毫无必要地同西班牙打了一仗，要是他们没有参与世界大战，那么，今天在这个国家的公民中，几乎就不会有一些白发苍苍的老人能以自己的亲身经历来叙说战争为何物。人们可能怀疑，美国人自己是否明白，他们应将一切归功于美国在其政治中比其他任何国家更多地实现了自由主义和资本主义。外国人也不明白，是什么使这个被许多人羡慕的共和国变得富裕和强大起来的。但有一点大家都是一致的——撇开那些满腹嫉恨者不谈,这些人声称对美国文明的"唯物主义"高度蔑视——即他们除了希望自己的国家像美国那样富裕和强大外别无所求。

为了达到这个目标,今天各个方面都提出,最简单的途径是建立"欧洲合众国"。欧洲大陆单个国家人口太少,土地不足,无法去参与争夺霸权的国家斗争,无力反对越来越强大的美国联盟,反对俄国、英帝国、中国以及其他还在形成的——比方说在南美——类似大小的实体。因此它们必须团结成一个军事和政治的统一体,组成一个保卫和防御性的联盟,这个联盟将完全有能力在未来几百年中确保欧洲在世界政治中的重要地位,一如欧洲在过去几百年中所曾有过的那种地位。泛欧联盟的思想得到了极大的推动,这种推动源自每一个人都日益明显的认识,没有比欧洲国家的关税保护政策更荒谬的东西了。只有国际分工的进一步发展,才能增进福利,生产出我们所需的丰富物质,从而提高大众的生活水平和文明程度。然而,所有欧洲国家,特别是较小的国家的经济政策恰恰在考虑要完全阻止国际分工。北美的工业拥有一个不受任何关税和类似障碍限制的市场,有1.2亿多富有的消费者。比较一下北美工人的生活条件与德国的,甚至捷克斯洛伐克或匈牙利的工人的生活条件,便可以清楚地看到,那种想建立小块的、闭关自守的经济区的企图是何等荒谬。

欧洲合众国思想的先驱者们所反对的弊病无疑是存在的,人们必须尽早革除这些弊端,越早越好。但为达到这一目标,建立欧洲合众国却未必是一条合适的道路。

国家间关系的任何改革,目的均是要革除个别国家一心损害他国利益、扩大自己领土的现象。今天具有无限重要性的国界问题必须失去其重要性。各国务需认清,对外政策最重要的问题是创造永久的和平。它们必须明白,只有把国家活动限制在最狭小的范围内，从而使国家及其空间边界对每个人的生活来说不再具有突出的重要性，世界和平才能得到保障。国家及其空间边界的那种突出的重要性使得人们可以理解，为什么过去和现在各国为了划定边界而血流成河。思想上的狭隘使人只着眼于本国和本民族的一切，而不懂得国际合作的重要性。对此必须用世界主义的思想取而代之。而要做到这一点，只有采用建立国家联合体、建立国际性的超国家机构的方法，即使得没有一个民族，没有任何个人因为其民族性和民族的特色而受到压制。

民族政治的狭隘性表现在，它总盼着邻国败坏，而最终导致所有国家败坏。为了把各民族从这种狭隘的民族政治引导到真正的世界政治的轨道，第一要义是需要认清，各民族的利益并不互相冲突。如果每个民族都为促进所有民族的发展着想，不敢有任何压制其他民族或其他一部分民族的企图，那么，每个民族就能最好地维护自身的利益。但这并不是要各民族用一种更大范围的沙文主义来代替着眼于本民族的沙文主义，而是要各民族认识到，任何形式的沙文主义都是错误的，而且必须让新的和平的手段来取代国际政治中老的军事手段，这种新的和平的手段的目的是共同工作而不是互相打仗。

但泛欧洲与欧洲合众国思想的先驱们追求另外的目标。他们所计划的不是一种新形式的、在政治上与迄今为止的帝国主义和军国主义国家有本质不同的国家政体，而是一种对老的资本主义和军国主义思想加以改头换面的东西。泛欧洲应比在它当中发展的各个国家大，应比它们强大，因而在军事上更有能力、更适合于同英国、美国和俄国等大国对抗。欧洲的沙文主义应取代法国的、德国的和马扎尔的沙文主义，其矛头应针对"外国人"，针对不列颠人、美国人、俄国人、中国人、日本人。对内它则应是一个把所有欧洲民族团结在一起的实体。

这样，人们大约就可以在民族的基础上，但不是在地理的基础上来培植沙文主义的国家感情和沙文主义的国家政策和战争政策了。一方面是共同的语言把民族同胞紧密地连接在一起，另一方面则是不同的语言在民族之间造成一条鸿沟。要是没有这种事实的存在——与各种意识形态无关——沙文主义思想是绝不可能发展的。注视着地图的地理学家智慧的眼睛可以（不是必须）把欧洲大陆（除俄国以外）看成一个整体，但这并不能在这个区域的居民之间创造出一种政治家可以为其基础设计蓝图的共同性。人们可以使一个莱茵兰人懂得，如果他为了东普鲁士的德国人参战的话，他是在捍卫他自己的事业，人们也许还能使他懂得，世界上全人类的事业也是他自己的事业。但他将永远也不会理解：他应该去捍卫葡萄牙人的事业，因为他们也是欧洲人，而英国的事则是一个敌人的事或至多是一个无足轻重的外国人的事。人们无法从人类生活中勾销长时期的历史的发展（顺便提一下，自由主义也不想勾销它），这种历史发展使得一个德国人在谈到德国风格、德国民族和德国的时候，心就会激烈地跳动起来。早在政治家们想在这种民族感情的基础上培植德意志国家思想、德意志政治，还有德意志沙文主义之前，这种民族感情就已经存在了。"欧洲"或"泛欧洲"，"欧洲的"或"泛欧洲的"，所有这些词汇都唤不起那种心的跳动，它们激发不起"德国"或"德国的"这种字眼儿所能激发的感情。所有那些想让联盟国家来取代民族国家的好心的设计，其基本错误就是没有注意到这一情况，不管这里涉及的是中欧、泛欧、泛美或其他一种类似的实体。

　　如果我们来看一下在所有这些规划中起决定性作用的贸易政策方面的情况，事情就再清楚不过了。就像今天现实中的情况一样，从前可以使一个巴伐利亚人承认，为了保护德国的生产——例如在萨克森——他购买某样东西要因税收而付出更多的钱是正确的。但愿有朝一日能使他转而认识到，一切贸易政策上闭关自守的做法以及与此相关的所有关税保护都是不适当的，不合理的，因而是应该取消的。但人们却永远无法使一个波兰人或一个马札尔人认可，自己应该为某种商品付出比市场价格高的钱，以便法国、德国或意大利能在这些国家内生产这种商品。人们固然可以把民族共同感以及关于各民族的利益互相对立的理论作为关税保护政策的依据，但却找不到类似的思想基础，能使一种联盟国家的保护政策构筑其上。把越来越趋向统一的世界经济体系切割成小块的、尽可能闭关自守的民族经济区显然是荒谬的。但人们不能用下述办法来克服民族主义的封锁政策，即将各种民族集合成一个政治上统一的更大国家集团，然后用这个更大的国家集团的封锁政策来取代民族主义的封锁政策。唯一能克服关税保护政策和闭关自守做法的办法是，认清它们的危害性和懂得把所有民族的利益结合起来。

在证明了将统一的世界经济体系分裂成小块的、闭关自守的经济区是有害的之后，就能由此得出必要的结论：必须转向自由贸易。若想证明应该建立一个泛欧关税保护区以达到泛欧的闭关自守，就必须首先拿出证据来证明：葡萄牙人和罗马尼亚人的利益固然是一致的，但这两国人的利益同巴西和俄国的利益却相抵触；还必须拿出证据来证明：为了德国的、法国的和比利时纺织工业的利益应该放弃马札尔纺织工业，说明这对马札尔人有好处，而英国的或美国的纺织品输入马札尔却会使马札尔人的利益受到损害。

建立联盟国家的运动来自对一切沙文主义民族政策都不能持久的正确认识。然而这一运动想用以取而代之的东西却是行不通的，因为它在各民族的意识中缺少有生命力的基础。即使泛欧主义运动的目的能够达到，世界上的情况也不会有丝毫改善。统一的欧洲大陆同其本土之外的世界大国争斗，其危害性不亚于欧洲国家相互之间的斗争。

十　国际联盟

正如国家在自由党人的眼里不是至高无上的一样，国家对自由党人来说也不是最好的强制性组织。形而上学的国家学说迎合君主们爱好虚荣与自高自大的心理说，任何单一的国家都是独立自主的，这就是说，它是最高的和最终的主管机构。但正如对自由党人来说世界并不是到国家边界终止一样，正如世界对他来说根本只具有次要的和无足轻重的意义一样，正如自由党人的政治思想包容了整个人类一样，正如他的所有的政治学说的出发点都是深信国际分工是国际性的，而不仅仅是民族性的那样，正如自由党人从一开始就懂得，仅仅在国家内部创造和平是不够的，更为必要的是所有国家都要相互和平相处那样，自由党人还要求，所有国家像国家一样地联合成为一个世界国家，而国家组织便在这联合过程中延续和终止。所以，在自由党人看来，国际法要高于国家法，他也因此而要求设立凌驾于国家之上的法院和行政机关，如同国家的行政机关和法院是为了维护或至少是应该维护国家内部的和平一样，这些超国家的法院和行政机关要以同样方式保障国家之间的和平。

长期以来，建立这样一个超国家世界组织的要求是由少数几位思想家提出的、几乎不为人们重视的乌托邦。虽然自拿破仑战争爆发以来，世界上的人们看到，最重要国家的国家领导人一再为了作出一致的决议而围聚在会议桌旁，虽然从19世纪中期以来出现了越来越多的超国家实体，其中"红十字会"和万国邮政联盟是最有名的，然而所有这些距形成一个真正的超国家组织尚有十万八千里之遥。即使海牙的和平会议在这里也几乎算不上是一种进步。只是世界大战的浩劫才使建立一个能够防止将来发生战争的世界组织的想法得到了广泛的认可。战争结束后，战胜

第三章 自由主义的外交政策

国朝着建立一个实体的方向迈出了步伐，它们称这个实体为国际联盟，而世界上的人们更多地把它看作是将来建立一个真正有用的超国家组织的起点。

但是，毫无疑问，今天以国际联盟名义存在的这个实体根本实现不了自由主义所要求的一个超国家组织的那种理想。首先，世界上一些最重要的和最大的国家根本不属于这个国际联盟。特别是美国——且不算较小的国家——站在国际联盟之外。国际联盟的宪法一开始就遇到把国家分为两大类的难题。一类国家享有充分权力，另一类则是没有充分权力的成员国，因为它们在世界大战中站在输掉了战争的那一边。很显然，这样一种把国家联合体划分等级的做法犹如在一国内部各种划分等级的做法一样孕育着战争的因素。总而言之，所有这些皆导致了国际联盟在一切问题上暴露出令人惋惜的软弱和无能。对此，人们只要想一想国际联盟在意大利和希腊之间发生冲突时的态度，想一想它在摩苏尔问题上的态度，特别是在那些被压迫的少数民族的命运取决于国际联盟的决定的事件中国际联盟的态度就足够了。在所有国家，特别是在英国和德国，都有一部分人认为，为了将这个虚有其表的国际联盟建设成一个真正的国际联盟，一个真正的国家之上的国家，人们在评论它的弱点和缺点时应尽可能抱着充分爱护的态度。然而这种乐观主义从来没有在任何问题上正确过。假如国际联盟是一个不健全的实体——当然，要把国际联盟机构中一般的官员和职员除外——根本不能满足人们向一个世界超国家组织提出的要求，那么，人们就必须一而再，再而三把这种情况提出来，以便说明哪些东西必须彻底改变，从而使这个虚有其表的国际联盟成为一个真正的国际联盟。人们有时相信，真诚和正直的自由党人所提出的一切或至少一大部分要求已经由日内瓦国际联盟实现。没有比由此而产生的糊涂思想更为严重地损害关于世界超国家组织思想的了。人们无法做到在维护历史延续下来的各国边界的原则基础上建设一个真正能保障持久和平的国际联盟。国际联盟保留着迄今为止的所有国际法的基本缺点。在各国间发生争端时，它只是处理程序问题，它一点也不去考虑为解决这些争端制定另外的规则，而只是维护现有的法律状况和业已签署的条约。在这种情况下，和平是得不到保障的，因为世界上的一切事情陷入完全僵化的状态了。

诚然，国际联盟——尽管是非常谨慎和克制地——提出，今后要依照各国人民以及一部分人民的愿望移动边界。它还对少数民族——也是非常谨慎和克制地——许诺要保护它们。这使我们希望，刚刚建立的极不完善的国际联盟有朝一日能成为名副其实的世界性超国家，并给各国带来它们需要的和平。然而有关这些问题的决策既不会是在国际联盟的会议上，也不会是在各国的议会中作出的，因为这里牵涉的根本不是一个组织问题或仅仅只是国际管理的技术问题，而是牵涉一个人类有史以来需要解决的最大的意识形态问题。它牵涉是否能成功地在世界上树立一种信念，倘若没有这种信念，则一切关于和平的协议以及仲裁的程序在关键时刻都将永远是一纸空文。这种信念只能是对自由主义无限的、毫无保留的信仰，而不是别的什么。必须对各个国家灌输自由主义的思想，必须将自由主义的原则贯彻到一切国家的机构中去，这样就能为和平创造条件并消除战争的根源。只要存在着关税保护、禁止人员迁徙、强制性学校教育和强制性授课、干涉主义和国家社会主义，就会不断产生导致战争纠纷的冲突。

十一　俄国

依靠自己的劳动融入到社会中并为自身和他人服务的和平公民受到了强盗的威胁。这个强盗不是志在劳动，而是要用武力来夺取他人的劳动果实。几千年来，这个世界不得不忍受占领者和封建君主的桎梏。这些占领者和封建君主认为，他们来到世上就是为了享受别人辛勤劳动的果实，这是天经地义的。人类文明的发展以及社会关系的增加首先表现在，遏制想统治世界的武士阶层和统治阶层的思想影响和物质影响，用公民理想来代替统治理想。现在还远远做不到完全排除只有战争贩子才有的鄙视劳动的黩武思想。在每个国家的人民中，总还是有一些人满脑子是黩武时代的思想。在有的国家，人们认为早已克服的抢掠和动武的本能有时一再爆发出来并控制了人们。但大体上可以说，在今天居住在中欧和西欧以及美洲的白种人那里，赫伯特·斯宾塞所称的工业思想方式业已取代了他所称的黩武主义思想方式。今天只有一个大国仍毫不动摇地坚持军国主义的理想——俄国。

当然，在俄国人民中也有人憎恶这种在其国家中占统治地位的思想方式。遗憾的只是，他们不知道如何在自己的同胞中实现自己的想法。自俄国有能力对欧洲政治施加某种影响起，它对欧洲来说就经常居于一种强盗的地位。它跃跃欲试，窥测时机，以求掠取钱财。除了以情势相逼指令给俄国沙皇们的边界以外，俄国沙皇从来不承认另外有一种对其蚕食自己邻国的限制。布尔什维克在扩张俄罗斯统治空间问题上的立场与此毫无二致。他们也只知道，可以而且必须尽自己的力量占领土地。幸运的是，欧洲国家已强大到足以成功地挡住一帮俄国野蛮人的攻击，从而挽救了文明，使其免于被俄国人所毁。俄国人在拿破仑战争、克里米亚战争以及在1877—1878年的土耳其远征中获得的经验告诉他们，他们的军队尽管数量众多，但没有能力对欧洲发动进攻，世界大战已证明了这一点。

比刺刀和大炮更危险的是思想武器。确实，俄国思想在欧洲引起了反响，这主要应归因于，在这种思想进入欧洲之前，欧洲已经充满这种思想了。也许，更为确切地说当是：虽然这种俄国思想符合俄国人的本性，但它们原本不是俄国的，而是由俄国人从欧洲吸收过来的。俄罗斯人民的思想是如此贫乏，以致它从来不能够自己去抓住表达自己本性的思想并把它们表达出来。

自由主义完全建立在科学的基础上，它的政策就是应用科学的成果，舍此无他。它必须防止自己运用不科学的论断。脱离科学的论断永远是纯主观的。因此，人们不能按自己的价值观把民族划分等级，提出高等和劣等民族之说。所以，俄国人是否劣等的问题，完全不在我们考察范围之内。我们一点也不认为，他们是劣等的。我们要声明的唯一一点是，他们不愿意加入到人类的社会合作中来，他们在人类社会和国家社会面前像一个只想享受他人积聚的东西，除此以外什么也不想的民族。一个在其中活跃着陀思妥耶夫斯基、托尔斯泰和列宁的思想的民族无法唤起社会的责任，它永远无法与世界和平相处，它必然要回到最野蛮和最粗鲁的状态中去。从自然条件讲，俄国以其肥沃的土地和各种各样的地下资源远比美国富有。要是俄国人同美国人一样实行资本主义政治，他们今天会是世界上最富裕的民族。专制主义、帝国主义和布尔什维克主义弄得他们成为最贫穷的民族。今天他们在全世界寻求资金和贷款。

认识到这一点，就可从中得出清晰的结论：让俄国人去当俄国人，让他们在自己国家想干什么就干什么，但不要让他们超出自己的国界去毁坏欧洲的文明吧。这个结论必须被视为文明国家对俄政策的准则。当然，这并不是说，应该去禁止引进和翻译俄国的作品，让那些神经衰弱者们去爱好它们吧，只要他们喜欢。反正健康人是会避开它们的；这也不是说，应该禁止俄国人在世界上做宣传和用钱贿赂，就像当年沙皇用滚滚卢布所做的那样。如果现代文明不能够抵挡住被收买了的家伙们的攻击，那么它本来就不应存在下去；这也不是说，假如俄国吸引欧洲人或美国人到俄国去的话，欧洲人或美国人应拒绝到俄国旅行。但愿他们好好看一下这个杀害大众和大众贫困的国家，出了危险则自己负责。这也不是说，应该阻止资本家向俄国人提供贷款，或在俄国投资。如果他们愚蠢到如此地步，相信自己有朝一日能从中捞回些什么，他们就尽可这样做去。

但是，欧洲和美洲的政府们必须停止通过下述方式去为苏联的破坏狂推波助澜，即为本国对苏俄的出口商品支付出口补贴，也就是说，用金钱资助来怂恿俄国的苏维埃主义。它们应该停止人员流向苏俄和向那边输出资本做宣传。

是否俄国人民这样就会摒弃苏维埃主义，这要由它自己来决定。今天威胁世界的危险不再来自这个皮鞭和牢狱的国家。尽管俄国人有种种战争和破坏欲，但他们已不能真正地威胁欧洲的和平。所以，人们可以听其自便。人们必须要反对的只是，由我们自己去支持和鼓励苏联人的破坏性政策。

第四章 自由主义与政党

一 自由主义者的"教条主义"

人们指责早期的自由主义，说它死板僵化，不善妥协，正是由于这些弱点使它在同形形色色的反对资本主义的党派的斗争中位居下风。假如自由主义懂得如何通过一些迎合大众口味的口号以及妥协和让步来博得大众的宠爱的话，那么它至少可以保住自己的一部分阵地。自由主义从来没有像那些反对资本主义的政党那样建立自己的政党机构和宣传机器。其政治策略从未在竞选斗争和议会谈判中产生一定分量的影响，而且它也从未在外交事务上作出独特建树。他们认为，这种顽固的教条主义必然会导致自由主义的衰落。

以上论述中所叙述的事实的确与实际相符。但是，如果有人据此认为他们找到了谴责自由主义的理由，那么，这恰恰证明他们对自由主义的本质一无所知。自由主义精神的最深刻以及最终的基本含义是，它是构建并维护人类合作的社会大厦的一种思想体系。人们不可能在一种错误的和本末倒置的思想基础上建立起持久的社会建筑。没有任何事物能够取代促进人类生活进步以及对人类社会具有建设性意义的意识形态。至少那些自称为策略、外交手段和妥协的谎言不能取代这种意识形态。如果人们不是出于对社会必然性的认识而自觉自愿地维护社会的存在、促进人类的富裕,人们是无法通过诡计与人为的技巧把他们引向正确道路的。如果他们误入歧途或造成失误,那么人们只能对他们进行启发和教育。假如他们不堪教化,仍然坚持其错误,那么,他们的衰落就无法阻止了。其他人的任何努力都将于事无补。那些蛊惑人心的策略家们的人为技巧和谎言欺骗——无论他们是出于善意或恶意——都只会把事情弄得更糟糕,都只能起到加速社会衰落的作用。社会的进步事业,社会向广度和高度的发展的事业是不能通过谎言和蛊惑煽动来促进的。世界上没有任何权势者可以通过诡计和谎言,通过狡猾的蒙骗手段给人类带来一种受到人们公认的社会思想和理论。

对于那些要把世界引导到自由主义轨道的人而言,他们只能说服其同胞们认识到实行自由主义政策的必要性,舍此之外,别无他途。这种启蒙工作是自由主义者唯一能做,而且必须去做的事情。其目的无疑是阻止当今社会衰败现象的急剧发展。在这一方面,自由主义者绝对不会向那些口蜜腹剑、貌似公允的偏见和谬论作出任何让步。在社会能否继续维持其存在、亿万人民的兴衰存亡这些根本问题上,自由主义者绝不会由于自身的力量弱小或出于某种谦谦君子似的礼貌而向任何人作出让步。

如果自由主义重新成为各大民族的政治准则,如果人们思想的根本转变再次为资本主义的发展铺通了自由通行的道路,那么,世界将在推翻反资本主义政治集团的联合势力之后逐渐崛起。舍此之外,没有任何其他的能够使人们摆脱当前政治混乱和社会动荡的道路。

旧的自由主义思想体系最严重的失误就表现在它对社会发展方向的认识持过于乐观的态度。自由主义思想的先驱者们,18世纪和19世纪上半叶的社会学家、国民经济学家及其朋友们普遍认为,人类将不断地向完美的高级阶段发展,任何事物都不可能阻止人类进步这一进程。他们坚信,他们发现并揭示的关于社会共同生活的基本准则以及理性的认识，不久将成为人们的共同财富。人类将不受任何干扰地以和平的方式日益密切地团结在一起。人们将会变得越来越富裕。人类的精神生活和文化生活将会变得越来越丰富多彩。没有任何东西能够动摇他们的这一乐观信念。甚至在针对自由主义的挑战变得越来越激烈，政治上反对自由主义思想统治的风暴骤起的情况下，他们仍然认为，这仅仅是行将灭亡的世界观向自由主义发起的最后一场阻击战，没有必要大惊小怪，更没有必要认真地研究对手并对其展开有力的反击，因为它反正很快就会自行消亡。

当时的自由主义者认为，所有的人都具有智力和精神上的能力，他们能够理智地认识并理解社会生活中出现的困难问题，并且能够理智地去解决这些问题。这些自由主义者思想清晰明了，他们对自己的思想认识过程过于自信，认为自由主义的思想体系是天经地义、不言而喻的，因此，他们不相信居然会有人不能理解这个思想体系。他们自始至终都没有领悟到以下两个问题：其一，大多数人并不具有逻辑思维能力；其二，对绝大多数人来说，尽管他们也许具有判断是非的能力，但仍会觉得眼前的直接利益比长远的更大的利益更为重要，他们宁可放弃长远利益而贪图眼前之小利。绝大多数人并不具有分析和纵观错综复杂的社会生活问题的能力，而且也不具有敢于牺牲眼前利益、换取全社会共同的长远利益的意志力。干预主义和社会主义正是利用了人们的这一弱点，提出了没收私有财产并实行重新分配的口号，这一口号在那些期待着从中获利的民众中得到了热情的响应和支持。

二 政党

人们不应当无视自由主义的意义和实质。有人认为，似乎只要采用了如今其他政党惯用的手段，就能使自由主义的思想大获

第四章　自由主义与政党

全胜，这种看法是极其错误的。

在一个由各种不同等级组成的社会里，公民享有的权利是不平等的，各种不同等级的权利具有很大的差异。在这样的等级社会里并不存在着具有现代意义的政党。只要人们对某些个别等级的特权不提出异议，各个等级之间的和平状态就能维持下去。如果有朝一日人们对等级制提出了非难，各等级之间就会爆发冲突和争执。只有其中的一方或另外一方不使用武力，向对方示弱并接受裁决，这种冲突才能在没有内战的情况下得到解决。在所有的这些等级斗争中，每个人的等级属性从一开始就决定了他在斗争中的立场。当然也会出现投向对方阵营的叛逆者，这些人之所以投向对方，是因为他们期待着在对方能够获得更多的个人利益。他们与自己所属的那个等级的人们作斗争，因此被人视为叛徒。如果我们抛开这些特殊的例子不谈，等级的属性就已经决定了他们的立场。他们将站在自己所属的那个等级一边，共同承担本等级的命运。那些对自己的地位不满意的等级要求取消现有的等级制度，力图贯彻他们的主张。如果斗争的结局不是一切照旧的话，获胜的一方就会取代原有的特权等级，从而形成一种新的等级制度，原有的特权等级地位下降，因为他们是失败的一方。

自由主义主张消除一切等级特权，等级社会必须让位于一个全新的社会秩序。在这个新的社会里，只能有平等的国家公民。不但要取消某一个等级的特权地位，而且要消除一切特权等级的存在。自由主义要废除一切等级的樊篱，把人们从他们所属的狭隘的等级制度中解放出来。只有在资本主义社会里，只有在按照自由的基本原则而建立的国家制度中，每个人才有希望成为国家政治建筑的直接参与者，只有在这种社会制度下，个人才能选择和决定他的政治目标和理想。在一个实行等级制的国家里，只存在着等级之间的斗争。这种斗争促使各个等级加强内部团结以反对其他的等级。如果没有进行等级之间的斗争，那么就会出现各个等级内部的争斗。这种等级内部的争斗主要是围绕着政治上的争权夺利、朋比为奸、拉帮结派，也就是说等级内部的集团之间争夺势力范围和抢夺舒适的地位。只有在法制的国家里才会有平等的公民，这些公民为了实现以往从未完全实现过的自由主义理想而建立了政党，这些政党是个人之间的联合，以便在国家的立法和行政方面争取达到他们的目标。至于说究竟采取什么样的途径才能最好地达到自由主义关于保障人们共同的和平生活这一目标的问题，也许存在着相当多的不同意见和分歧。这种不同意见之争无疑可以称为主义之争。在一个自由主义的社会中完全有可能出现社会主义的政党，甚至那些为某一阶层谋求特权利益或特殊地位的政党的存在也不是不可能的。所有这些政党，无论它们是社会主义政党还是为特权等级谋求利益的政党，其斗争目标最终是要拒绝自由主义的一个基本原则，即在政治斗争中只允许使用思想手段。自由主义将这种思想手段视为政治斗争中唯一能够使用的武器。历史证明，在马克思主义诞生之前，一部分"乌托邦式的社会主义者"正是在自由主义的土壤上为他们所主张的社会主义而斗争的。同样，在西欧自由主义的全盛时期，教会和贵族集团曾一度在现代法制国家的土地上追求过它们的目标。

我们在当今政治生活中所见到的政党却与我们想象中的政党大为不同。它们的纲领中虽然有一部分内容是针对人类社会的整体问题而提出的，并且也解释了如何创造和谐的社会合作问题，但是，这些党纲中所涉及的人类社会的合作问题仅仅是这些政党在迫不得已的情况下向自由主义思想作出的一些让步。它们真正要追求的目标是其党纲的其他部分。只要我们稍加注意，就会发现，从整体上看，这些政党的纲领是自相矛盾的，根本无法自圆其说。这些政党全都是某些特定等级的代表。自由主义之所以不得不容忍它们，让它们谋求其等级特权，主要是因为自由主义的思想尚未获得全面的胜利。那些谋求特权利益的集团为了实现它们的目标,都力图首先将它们变成一个"等级"。而自由主义的纲领对所有的人来说都是同样可以接受的,它没有向任何人许诺特权利益,它要求人们放弃追求眼前的特权利益,作出暂时的牺牲,牺牲小利而换取更大的整体利益。谋求特殊利益的政党则反其道而行之,它们服务的对象仅仅只是社会中的一部分人,它们以牺牲社会上其他人的利益为代价向这一部分人许诺了特殊利益。

所有的现代政党和现代政党的意识形态都是等级特权和特权利益的追求者们为了反对自由主义的思想而建立起来的。虽然在自由主义出现之前也存在着等级、等级的特殊利益和特权以及等级之间的斗争,但是,当时人们可以质朴地、不带任何成见地谈论这种特权等级制度的意识形态,无论是它的支持者还是反对者均未对这种意识形态中所包含的反社会的性质提出任何疑问,因此,人们对当时社会上存在的等级制度的理由并没有要进行辩护的迫切感。只要我们将古老的等级制度的性质与今天的政党所推行的追求特殊利益的政策及其理论加以比较,就可以得出上述结论。如果人们观察一下所有政党从一开始就是为了批判和抵御自由主义这一目的而成立的这一事实,就不难理解这些政党的性质和特点。自由主义的思想体系动用了内容广博、深思熟虑的社会理论知识,而这些政党的教义则不然。自由主义的思想体系将科学视为自己的基础,它恰恰是在不追求任何政治影响的前提下使自己成为了一种政治思想体系。反自由主义的政党却与此恰恰相反,它们从一开始就制定了追求特殊权力和特殊利益的政治目标,并按照这一目标在事后制定了它们的思想体系,其目的是了证明其政策的正确性。这种本末倒置、鱼龙混杂的做法无疑是手到擒来、轻而易举的事情。农民只要指出农业是必不可少的这一点就足够了,而工会则只需强调劳工的重要性,中产阶级的政党则只需呼吁中产阶级——社会的黄金一般的中间阶层存在的重要性。各个政党往往只强调它们所代表的那个阶层的特殊利益的重要性，它们在谋求全体人民的共同利益方面没有任何作为，对后者的重要性往往无动于衷。对于那些它们想要争取的社会阶层的利益也关心甚少。因此，这些政党试图在本阶层之外的其他社会阶层中招徕拥护者和追随者的努力往往都是徒劳无功的。

所有这些代表各个社会阶层特殊利益的现代政党，尽管它们各自追求的目标不同，尽管它们之间也正进行着激烈的斗争，但是，在反对自由主义的斗争中，它们却结成了一条统一战线。自由主义关于人们对其利益的正确理解最终会使所有的人协调一致的论点犹如斗牛场上的一块红布，大大地激怒了所有的这些政党。它们认为，人们之间的利益冲突是不可调和的，这种利益冲突最终只能以一部分人获得胜利，而另一部分人受损的方式结束。这些政党宣称，自由主义并非像它标榜的那样纯洁，它也是一个代表着资本家、企业家以及资产阶级特权利益的政党，因此，自由主义是与其他阶层的利益相对立的思想体系。

这些政党的上述针对自由主义的评论是马克思主义的一大成功的发明。如果我们把关于在以生产资料私有制为基础的社会里，阶级矛盾是不可调和的学说视为马克思主义学说的重要组成部分的话，那么，人们不得不将欧洲大陆上的所有从事政治活动的政党称之为马克思主义的追随者。民族主义政党也认为阶级矛盾和阶级斗争的学说是正确的，因为他们赞成关于资本主义社会存在着这种矛盾和斗争的观点。它们与马克思主义的政党之间只有一点区别，即它们认为，要想克服阶级斗争，就必须在社会中实行它们提出的建立等级制的主张，并且在各民族之间进行的斗争中采纳它们关于建立统一战线的所谓正确主张。它们并不否认，在以生产资料私有制为基础的社会里存在着阶级矛盾，但它们仅仅谈到，这种阶级对立是不应当的。为了达到消除这种矛盾和对立的目的，它们提出了由国家干预和调节来控制私有制的主张,即用干预主义来取代资本主义。那些马克思主义者除了向人民许诺要将世界引向一个没有阶级,没有阶级矛盾以及没有阶级斗争的社会之外,他们最终也没有提出任何新的建议。

为了理解阶级斗争这一学说的意义,我们必须注意到,阶级斗争的学说是针对自由主义关于在生产资料私有制基础上,所有社会阶层的利益联合起来的学说而提出的,这两种学说尖锐对立。自由主义主张消除等级差别,取消特权,建立一个在法律面前人人平等的法制社会,实现了这些目标之后,就没有任何东西能够阻止所有社会阶层之间的和平与合作了,这是因为,人们在这一过程中同时也正确地认清了他们的利益之所在。那些封建主义的追随者、特权以及等级差别的鼓吹者们对自由主义学说提出的种种异议和非难很快就会被证明是没有任何根据的,其追随者的人数会迅速减少,其影响力也随之变得不值一提。李嘉图在他的那个支离破碎的思想体系中提出了关于资本主义社会的利益冲突的所谓新理论。李嘉图认为,他的思想体系揭示了在经济发展与进步的过程中,利润、利息和工资这三大收入方式之间的关系是可以调整和操纵的。李嘉图的这一学说在19世纪三四十年代曾给予一些英国理论家某种鼓励,以至于他们在谈到资本家、地主和靠工资收入为生的劳工这三个阶级时宣称,三者之间的矛盾和对立是不可调和的。后来马克思采纳了他们的这种观点。

马克思在撰写《共产党宣言》时还不知道如何区分等级和阶级。只是当他后来在伦敦结识了这些二三十年代之后就默默无闻的论文作者,并从他们那里得到启发之后,才开始研究李嘉图的思想体系。马克思从李嘉图的思想体系中认识到,即使在一个没有等级差别和等级特权的社会里,也仍然存在着不可调和的矛盾和对立。他从李嘉图的学说中引申出资本家、地主和工人这三个不同的阶级划分的论点。但他并没有完全坚持这一观点。不久以后他又说只有两大阶级,即所有者和无产者。后来他在这两大阶级或三大阶级划分的基础上又进一步划分出更多的阶级。但是，马克思与他的追随者们从未对阶级的概念和性质进行过任何定义或表述。马克思在他撰写的《资本论》第三卷的手稿中写到"阶级"这一章时，只写了短短的几句话就中断了，这一事实足以证明他对"阶级"这一概念的认识是含混不清的。从《共产党宣言》的发表——在该宣言中马克思首次把阶级矛盾和阶级斗争视为他的理论最重要的支柱——到马克思去世时为止，其间经历了超过了一代人的时间。在这漫长的时间里，马克思写了一卷又一卷的著作，但他从未讲过如何理解"阶级"这一概念，它究竟意味着什么的问题。在处理阶级这一问题时，马克思始终没有超出一个无法证明的教条——或者说得更确切一点——没有超出一个口号的范畴。

要想证明阶级斗争的学说，人们认为至少必须弄清两个问题：其一，阶级内部的同志之间有一种团结互助的关系；其二，凡是有利于某一阶级的事物，必然是有损于其他阶级的。但事实上从未出现过以上的两种情况，甚至连尝试都未曾有过。由于"社会地位"相同，"阶级同志"之间在利益上并不存在着一种团结互助的关系，恰恰相反，同一阶级内部的人与人之间的关系是一种竞争关系。例如，一名在较好的生产环境中工作的工人最关心的事情是保住他的工作岗位，他将竭力排斥外来的竞争者，防止他们的进入会导致平均工资收入的减少。在马克思主义者经常召开国际大会的年代里，全世界无产者联合起来的大话和口号声震云霄，但就在此时，美国和澳大利亚的工人却成为阻碍外来移民的最大障碍。英国的工会则制定了一整套精心设计的、旨在排斥其他工人进入他们的生产部门的措施。众所周知，在过去几年里，所有国家的工人政党的所作所为都与上述例子相同。也许人们会说，这简直是太不应该了，工人们完全应当采取另外的一种做法嘛。但事实上工人的所作所为与这些人所希望的恰恰相反。但是，毋庸置疑，工人们这样做的目的是维护他们的自身利益，即一种暂时的直接利益。

自由主义曾经指出，从广义上看，在一个以生产资料私有制为基础的社会里，事实上并不存在着个人与个人之间、集团与集团之间以及社会阶层之间的利益矛盾。如果资金总量增加了，那么，资本家和地主的收入就会绝对增加，工人的收入也会随之出现绝对增长或相对增长。每个社会集团或社会阶层的利益和收入，即企业主、资本家、地主和工人的收入都在一条坐标轴线的同一方向上移动，唯一的区别是这些人在社会产品的分配过程中所占有的比例不同。只有在对特定的矿产品真正实行了垄断的情况下，这块土地的占有者才会对其他社会阶层的成员的利益造成损害。企业家的利益绝不能与消费者的利益背道而驰。只有那些懂得如何及早预测消费者愿望的企业家才能获得丰厚的利润。如果政府或其他的社会组织对企业实行强制性的干预政策，限制生产资料私有制的自由发展，妨碍生产资料所有者的经营，只有在这种情况下，才会出现社会利益的对立和冲突。譬如说，国家通过关税保护措施来抬高某种商品的价格，或者工会通过职业封锁的手段来"人为地"提高某一行业工人的工资，等等。由著名的自由贸易学派提出的，无论是过去、现在还是将来都永远不可能被驳倒的论证为此提出了强有力的佐证。个别的社会集团可以利用它们手中掌握的某种特权为自己谋求利益，然而，它们的这种行为只有在其他的社会集团不懂得去争取掌握同样的或类似的特权的情况下才能奏效。但是，人们不可能永久地把大多数人蒙在鼓里，使他们无法认识到这种特权的真正含义，从而自觉自愿地维护他们的这种以特权谋利的现状。如果人们采用强制手段迫使大多数人容忍这种现状的话，就会发生暴力反抗，从而会干扰符合全体人民利益的经济生活的和平发展进程。假如人们不是将特权当作有利于某些个人、集团或社会集团的例外现象，而是将它变成一种普遍的、人们必须共同遵守的规则,例如,通过关税来保护绝大多数商品或者通过实行干预政策使大多数工作岗位的谋职或就业变得更加困难,等等。采用上述方法的确可以消除单个社会集团和社会阶层的特权及其利弊不均的问题,但其最终结果只有一个,即它会导致生产力的下降,从而使所有的人都蒙受损失。

如果人们不愿承认自由主义的学说,并且嘲笑它是颇受人们争议的"利益协调论",那么就像来自四面八方的反自由主义者所错误地预想的那样,现实生活中就会只剩下若干个范围狭小的利益集团的团结与联合了。在这种情况下,一部分人为了他们的共同利益去反对另一部分人,或者一个阶级为了自己的阶级利益去反对其他阶级。自由主义的反对派们为了证明这种对社会带来极大危害的利益集团的狭隘联合的正确性,不惜旁征博引,罗列了许多牵强附会、闻所未闻的论据。然而,事与愿违,他们的这些论据反而更多地证明:现今的人类社会所需要的恰恰不是狭隘的利益集团的联合,而是社会整体利益普遍、广泛的联合。要想消除那些表面上随处可见的利益矛盾和冲突,唯一可行的办法是明确指出,整个人类是一个共同利益的联合体,一损俱损,一荣共荣,绝不给那些鼓吹民族矛盾、阶级矛盾和种族冲突不可调和论的人以任何市场。

反对自由主义的政党绝不像它们所标榜的那样,是在向人民证明民族、阶级和种族等内部联合的必要性。恰恰相反,事实上,它们的所作所为是鼓动一个社会集团的成员联合起来,共同开展反对其他社会集团的斗争。它们所说的某一个社会集团内部的团结事实上并不存在,而仅仅只是它们所虚构的一个假设条件。事实上他们不会讲出他们的真实用意,即:利益本身不是联合的目的,而是要通过结盟和采取共同行动来实现联合,最终要把利益转变成联合。由此可见,他们的真实目的不是集团或阶级的利益，而是为了它们的联合。

代表某一社会集团或阶级的现代政党明确宣布，它们的政治目标是为它们所代表的那些集团谋求特权。那些代表农场主利益的政党所追求的目标是建立关税保护制度或为农场主谋求其他的好处和利益（例如争取更多的农业补贴）；代表国家公职人员利益的政党则为国家公职人员争取利益；还有一些区域性的地方政党，它们主要是为某一地区的居民争取权益。所有的这些政党都非常清楚地知道，它们为了它们所代表的社会集团谋求权益的行为根本没有顾及全社会的整体利益以及其他社会阶层的利益。也许它们在其政治活动中会采用某些手段和借口来搪塞。譬如说，他们宣称：全社会的福祉只有通过促进农业，或提高国家公职人员的福利才能实现，如此等等，不一而足。现代政党只为社会的某一部分人谋求利益，根据部分人的利益的取向来决定自己的政治目标和行动目标。这种现象在近年来愈演愈烈，因此，它们也愈来愈多地遭到人们的嘲骂和挖苦。

特殊利益的代表们只有把各种不同的、彼此间的利益相互对立的社会集团撮合到一起，并且组成一个斗争整体的前提下才能组建大型政党。等级特权只有在下述情况下才具有实际意义，即这一等级属于社会的少数，其特权不会由于其他社会集团的介入而被抵消。由于自由主义的坚决拒绝，历史上原有的贵族特权已被取消，这一成就，给人留下了深刻的印象。如果我们撇开这些特别有利的情况不谈，在当代，一个较小的社会集团不可能奢望它能够在反对所有其他社会集团的同时卓有成效地使它的特权得以长期维持。有鉴于此，一切代表特权利益的政党都把联合那些代表各种不同利益，甚至彼此之间存在着直接利益冲突的，而且规模较小的社会集团视为自己的任务，并且在此基础上组建大型政党。在现实生活中，代表某一社会集团的人提出的利益要求，实质上是为该社会集团谋求特权。认识到这一点，人们就不难发现，那些把各种不同的利益集团组成联盟的方法，对于实现上述目标而言，是根本不合适的。我们无法要求那些为他们的集团甚至是为他们本人争取特权的人作出一点暂时的牺牲，假如他们有能力理解这种暂时牺牲的意义的话，那么，他们的思维方式就再也不是利益政治的思维方式，而变成自由主义的了。我们更不能对他们说，他们通过为自己谋求特权所获得的利益要远远多于他们为他人谋求特权而失去的利益。那些鼓励人们为自己、为自己所属的社会集团或阶级谋求特权的言论和文章不可能长期瞒住所有的人。如果大家相信了他们的这些言论，就会争相效尤，社会上就会出现人人为自己争取特权的紧张局面。代表各自集团的政党注意到了这一问题，它们不得不用模棱两可的语言来表达其政治主张，以此来隐瞒它们所要争取达到的最重要的目标，同时掩盖事情的真相。主张实行关税保护的政党就是一个最明显的例子，它们为了自身的利益才极力主张建立关税保护区，但它们却总是把这种主张说成是为了广大人民的利益。如果工业家们都主张实行关税保护制，那么，工业界的领袖们此时就会经常讲：各个工业集团之间，甚至各企业之间的利益常常是完全不一致的，因此，它们之间也是不团结的。纺织行业的企业家由于纱锭和机器的进口税而蒙受损失，他们就会促进关税保护运动的发展，促使国家提高纺织成品的关税，借此来弥补因其他方面的关税而对他们所造成的损失。种植并生产饲料的农场主主张对饲料实行关税保护，但饲养牲畜的农场主却拒绝关税保护。葡萄种植园的农民要求对葡萄酒实行关税保护，这种要求虽然对他们有利，但却给那些没有从事葡萄种植的农场主以及城里的葡萄酒消费者带来了不利。如果我们只听那些主张实行关税保护的政党的一面之词，那么事情的真相就可能会被掩盖得干干净净。

某些代表特权利益的政党，企图把自己建立在为大多数居民争取平等特权的基础之上，这是极为荒谬的，世界上根本不存在这样的政党。当绝大多数人能够享受某个特权的时候，它就再也不是什么特权了。从长远的观点看，在一个以从事农业生产为主、其农产品出口外销的国家里，农业党不可能长期作为一个利益政党存在下去。它们会要求得到什么呢？关税保护对于那些从事农产品出口的农场主来说毫无益处。国家又无力向大多数生产者支付农产品价格补贴，这是因为占人口少数的那一部分居民无力为政府筹集这种款项。相反，少数人却可以为他们自己争取特权，这是因为人们的印象会产生错觉，好像这些少数人得到了广大群众的支持似的。如果农业党在一个工业化的国家里提出对农产品实行关税保护的要求，它们常常要把那些对此事毫无兴趣，且一无所有的工人、农业雇工、小店员统计为"从事农业生产的居民"。如果代表工人利益的政党提出了一个有利于某一部分工人的政治主张，它们就会常常打着全体劳工大众的旗号，因而很容易偏离以下事实，即在各个不同的生产部门之间，各个工会所代表的利益非但不一致，而且是互相对立的，甚至在单个生产部门或每个企业的内部都存在着尖锐的利益矛盾。

这是所有争取等级特权的政党所犯的两个根本错误之一。如果他们想得到大多数人的赞成，就必须声称废除特权，但事实上它们又不得不依靠一小部分人的支持。另一方面，为了成为大多数人的代表，它们又不得不满足大多数人的要求。近年来，个别国家的一些政党已经成功地用宣传和鼓动的方式克服了上述困难。它们颇有成效地让每个社会阶层或集团相信，所有的人都可以期待着从它们这些政党的胜利中获得好处。这一事实仅仅能说明这些政党的领袖人物的外交手腕和在策略上颇有本领，只能证明广大选民缺乏判断能力以及他们在政治上还不成熟，丝毫也不能证明这些政党可以解决它们自身存在的根本问题。人们可以在向城市居民许诺给他们提供价格低廉的面包的同时，又向农民许诺较高的粮食价格，但他们不可能同时信守这两个诺言。人们可以向一些人许诺说，增加国家的某些财政支出不会相应出现其他部分的国家财政支出受到限制或减少的现象，同时又向另一些人宣布将降低税收，但他也同样无法信守这些诺言。将社会划分为生产者和消费者两个部分，也是这些政党惯用的技巧。为了让人们负担新增加的国家财政开支，它们不是去认真研究财政收支是否平衡的问题，而是习惯以拟人的手法把国家描绘成一个不堪重负的弱者，以此来博得人们的同情，实现它们的财政目标，与此同时，它们还抱怨税收方面的压力。

这些政党的另一个根本错误是，它们为个别社会集团提出的要求往往是毫无节制的，高得近乎于漫天要价。在他们的眼中只有一个尺度，即以另一方不反抗为界限。那些谋求特权利益的政党的性质都有这一明显的自然特征。而那些没有特定的章程可以遵循的政党，往往是根据临时需要来提出一些漫无边际的特权要求，它们在斗争中竭力压制对方，因而很容易与他人发生剧烈冲突。自从人们越来越清楚地认识到这一点之后，就将这种现象称为现代国家的危机或议会主义的危机，事实上，它是现代政党的政党意识形态危机的一种表现。

三　议会主义的危机与等级议会和经济议会的思想

议会主义，就像它在英国和英国的几个殖民地是自17世纪以来逐渐形成的那样，在欧洲大陆上，它也经历了一个缓慢的形成过程。这一进程是从镇压拿破仑一世、七月革命和二月革命以后开始的。当时自由主义思想在人们头脑中占据着统治地位，它是议会主义形成的前提。所有被选入议会，并在那里选举、决定政府人选的人都必须确信，人们正确认识并理解的利益是为全社会服务的，而所有那些为个别社会集团或社会阶层谋求特权的行为就都是有损于全社会的，因此，必须杜绝这种行为。在现代社会里，所有的宪法都赋予政党在议会中行使其职能的权力。这些党派可以在具体的政治问题上持不同意见，并以此区别它们的政治观点，但是，它们必须代表全体人民，而不能仅仅代表某一地区或某些个别社会阶层的利益。它们在最根本的问题上必须超越一切意见分歧，必须在争取最终目标的问题上保持一致，它们之间的区别只能体现在实现这一目标的过程中各自采取的手段不同而已。各个政党之间的关系不应该被一条不可逾越的鸿沟隔离开来，这一点在各个政党所代表的利益集团之间的极为严重的利害冲突问题上表现得尤为明显，全体人民和国家因此深受其害。自由主义认为，政党在承担具体的政治任务时所处的地位，可以作为区别党派的标准。因此，事实上只存在着两个政党，其中一个是执政党，另一个是想要执政的党。它们的政治目的既不应当是谋求利益，也不应当是为了让该党的党员加官晋爵，而是为了让他们的思想能够在立法和行政机构中得以贯彻。

只有在上述条件下，议会制度和议会统治方式才是可行的。这种前提条件曾经一度在盎格鲁—撒克逊国家里实现过，而且至今仍在那里发挥着作用。在欧洲大陆，即使在人们习惯称之为自由主义的鼎盛时期，也只能说是仅仅在一定程度上接近这一前提条件。数十年来，欧洲大陆上的人民代表之间的关系相当对立。相当多数的政党内部都存在着不同的派别，它们外表上给人一种团结一致的印象，但其内部斗争异常激烈，可以说这些政党的内部派别之间的明争暗斗与该党在公开场合与其他政党的斗争别无二致。每个政党或党内的派别都毫不例外地认为自己是某一特权利益的最合适代表，其政策的主要目标是尽可能多地从国家金库中拿出钱来分给"自己人"，为达此目标，它们主张实行关税保护，禁止移民，制定"社会政策"法，以牺牲社会上其他人的利益为代价来谋取一切特权，如此等等，不一而足。由于政党所提出的要求全都漫无止境，所以至今还没有任何一个政党达到了它的预期目标。如果有人说农民党或工人党有那么一天居然实现了它们的全部目标，那简直太令人不可思议了。这些政党为了扩大其影响，不惜将其目标尽可能定得大大的，将其诺言说得天花乱坠，但它们不得不始终考虑如何向其选民解释为什么没能实现其愿望的原因问题。虽然其中的一些政党实际上是执政党，它们大权在握，但遇到此类问题时，它们却想方设法地在公众中唤起它们是反对党的印象，或者把过失推卸给与此毫无关系的其他政治势力，声称这些过失是它们干预所造成的。例如，在君主制国家里它们把责任推卸给君主，在特定的前提条件下，它们甚至把责任推卸到外国人头上，诸如此类的例子真是不胜枚举。布尔什维克不可能使俄国人民幸福，奥地利的社会主义者不可能使奥地利人民幸福，但他们都声称这是因为"西方资本主义"阻碍所造成的。反自由主义的政党在德国和奥地利的统治至少已有五十年了，但我们至今每次阅读这些政党的所谓"科学的"代表们撰写的公报时，就会发现，它们均把造成目前的恶劣情况以及种种弊端的责任归咎为"自由主义"基本原则的统治所造成的。

一个反自由主义的利益政党及其信徒们组成的议会是没有效能的议会，久而久之，它会使人们大失所望。这就是多年来人们认识到的，而且如今人们经常谈论的议会主义的危机问题。

为了消除这种危机，有人提议废除民主的议会制度，解散由它选举产生的政府，实行独裁统治。关于反对独裁的问题，我们没有必要在此重复，因为我们在前面已经作了详细的论述。

还有人提出了第二种建议，即用一个由从事各种不同职业的代表们组成一个等级议会来补充或者取代由全体国民在普选中选举产生的议会。他们认为，公民普选的议会议员们既缺乏客观公正性，又缺少必要的经济知识。而职业等级的代表却往往可以很快在实质问题上达成一致。那些在根据地域人为划分的选区中推选出来的议员往往做不到这一点，或者至少要经过长时间的踌躇才能做到这一点。

还有一个关键问题需要澄清，即这种等级议会如何进行表决？换言之，假如按人头表决，那么每个职业等级应当选派多少名代表才算适宜？这个问题必须在等级议会召开之前就要得到解决。如果全民选举的议会的表决结果已经解决了这一问题，那么等级议会也就再也没有召开的必要了。随之而来的另一个问题自然是还要不要继续维持各个等级之间业已确定的权力分配关系。毫无疑问，这种等级之间的权力分配关系是永远不会受到大多数人民的欢迎的。要想建立一个符合大多数人民意愿的议会，就不能在议会里实行等级划分制。问题还取决于这种等级议会体系在群众中引起的不满程度是否足以导致它的迅速崩溃。可以肯定地说，这种等级议会是与民主宪法的精神相对立的，它不可能为广大人民所希望的政治变革带来任何积极成果。这一点明确无误地表述了自由主义者反对在议会实行等级制的立场。自由主义者认为，一种不能排除强烈干扰人类和平发展进程的体系，是无论如何也不能接受的，对此，从一开始就没有任何商量的余地。

许多等级议会思想的支持者们设想，通过政党在议会中表决的方法不可能消除社会上存在的利益矛盾，只有采用调解的方法才能奏效。但是，假如矛盾的双方达不成协议时怎么办？只有在危险的幽灵对矛盾的双方都构成威胁的情况下，他们才会寻求妥协。任何人都不会去阻碍各个政党在人民一致选举产生的议会统治下所从事的政治活动。也没有任何人能够强迫这些政党在其政治活动中采取协调一致的合作态度，假如等级议会得以成立，它同样也做不到这一点。

按职业等级原则组成的议会无法履行一个作为民主宪法机构的议会所能履行的职责；它不可能成为一个和平地解决各种政治主张之间矛盾的场所；它也没有能力制止诸如暴动、革命以及内战之类的严重破坏社会和平发展的行为。这是因为,国家内部的政治权力的分配这样带决定性意义的政治事件并不是在等级议会的内部进行的,也不是由于等级议会的选举等方面的原因而造成的。决定权力分配的主要因素是各个等级在国民意志的形成过程中所具有的分量,这种分量的大小不是等级议会以及等级议会的选举所能决定的。

人们没有将议会的名称授予职业等级的代表们,这种做法是完全正确的。在过去的两百年中,人们越来越明确地将议会与等级集会这两者区别开来。如果人们不愿将所有的政治概念都混淆起来的话,就应当坚持这种正确的概念区分方法。

就像西德尼和波特尔韦伯以及大批追随他们的工联主义者和基尔特社会主义者所主张的那样,也正如从前欧洲大陆上许多主张上议院改革的辩护士们所鼓吹的那样,如果有人仿效他们,提出两个议会同时并存的建议,其中一个由全体人民共同选举产生,而另一个由那些按职业等级划分的选民集团来选举产生,这种建议当然也无法消除职业等级代表的缺陷。双重议会制只能在下述情况下才能发挥作用,即其中的一个议会绝对占上风,以它为主,另一个议会只能附和前者的决定,做前者想做的事情;或者是,当两者之间的立场和观点发生分歧时,双方必须通过协商、妥协的方法寻求解决问题的途径。假如双方不能达到妥协,那么最后解决问题的手段只能靠在议会之外使用武力了。无论人们如何翻来覆去地解释总是会遇到这一无法克服的困难。不管人们建议以什么方式来组建这种议会,把它命名为等级院也好,经济议会也好,或者命名为其他的什么院也好,最终都将归于失败。总而言之,上述设想是无法付诸实施的。因此,人们最终不得不提出一个无关痛痒的新建议,即建立一个只拥有建议性表决权的经济委员会。

职业等级代表制思想的辩护士们认为,通过对居民实行职业等级划分，并且在这个基础上选举职业等级代表，建立他们的议会，即可以克服那些造成人民分裂的矛盾，这无疑是他们的一个严重的错觉。采用人为的干预来对宪法实行技术上的修改是无法消除社会上存在的利益矛盾的，只有自由主义的思想才能克服这种矛盾。

四 特殊利益的政党与自由主义

特殊利益的政党在其政治活动中追求的唯一目标是保障它们所代表的集团的特权和优先权。它们使议会主义无法发挥作用，破坏国家和社会的统一。它们的所作所为不仅造成了议会主义的危机，而且也导致了国家和社会生活的危机。如果整个社会被分裂成无数个利益集团，每个集团都为自己谋求利益，终日盘算自己是否吃亏了，而且随时为一点蝇头小利对最重要的国家机构大动干戈，在这种情况下，社会就无法长期存在下去了。

利益政党把所有的政治问题都视为政治策略问题。它们从一开始就确定了自己所要追求的目标，即以牺牲其他人的利益为代价，尽可能为它们所代表的集团谋取最大的好处和特权。它们在其党章中隐瞒了这一目标，而且为其所作所为进行辩解，证明自己的一贯正确。解释党的政策从来就不是它们的任务，全体党员对该党的目标都心知肚明，但都持秘而不宣的态度，因为他们对该党的目标的认识都是一致的。究竟应该在何种程度上向世人公布其主张，仅仅只是一个纯粹的策略问题。

所有反对自由主义的政党都是利益政党，它们丝毫不关心整个社会大厦是否会变成碎片的问题，它们除了为其追随者谋取特殊利益之外，别无所求。自由主义对其意图的批判，它们不屑一顾。如果它们对其要求进行逻辑审查，就无法否认它们的所作所为最终是破坏性的和反社会的。同时，它们也无法否认，即使经过最草率的分析也不难断定,在各个利益集团相互斗争的情况下,社会的长治久安是不可能得到保障的。这些特殊利益的政党非常清楚地知道这种利害关系,但它们没有能力改邪归正,超越自我,更谈不上为他人着想,放弃损人利己的行为了。大多数人不关心后天或将来的事情,他们只为今天着想,或者最多只想到了明天会怎么样。他们也不会问,如果所有的人都像他们一样毫不关心全体人民的利益,全都拼命地追逐特权,那将会出现什么样的情况呢?这些人希望自己能够成功地贯彻自己的要求和主张,同时又要使其他人的要求无法实现。只有少数人以较高的标准衡量政党的行为,他们要求在政治生活中也要严格遵循道义上的准则("你应当这样为人处世,即你意志的准则同时可以看作为人们普遍遵守的法律准则。也就是说,你在试图实现自己的愿望时,要随时考虑到应当使你的行为成为人们可以普遍遵循的法律,出不得任何差错")。不言而喻,利益政党的思想体系中是不会存在上述道德准则的。

许多人不愿去认识和理解自由主义的伟大思想,他们津津乐道地沉湎于个人利益的追求之中。社会主义利用了人们的这种利益观的逻辑缺陷,并从中大获其利,因而赢得了众多的信仰者。我们在前面的有关章节里已经详细地剖析了社会主义利益观严重的内在缺陷,并且明确指出:社会主义不仅想要掩盖人们利益观的缺点,而且为这一缺点辩解。此外,它还要迷惑那些敢于对社会主义政党的所作所为提出批判的人,企图把这些批判者的视线引向别的更大的、更严重的以及更值得重视的问题上去。

社会主义理想在过去的一百年里赢得了众多不同类型的虔诚信仰者。其中不乏那些最优秀、最高贵的男女们,他们当中的许多人以近乎狂热的态度支持这种理想。它曾经像指路的明灯一样为最杰出的政府首脑指出了行动的方向,它曾经一度占领了讲坛,鼓舞青年人为之奋斗。我们的前辈和当代的人们甚至满怀激情地认为，人们有充分的理由将我们的时代称为社会主义的时代，在过去的几十年里，所有的国家里都有人主张以实行经济国有化、企业国有化以及实行计划经济的方式来实现社会主义理想，只要提起搞社会主义，他们都愿乐而为之。但由于社会主义企业固有的缺陷，以及由于这些缺陷造成生产率下降的不良后果，再加上社会主义经济核算的不可行性等方面的原因，很快就使所有的社会主义努力达到了极限，倘若人们超过这个极限，采取进一步的社会化措施，那么必然会导致商品的短缺以及居民供应的迅速恶化。因此，尽管社会主义思想仍然保持其意识形态上的统治地位，但人们还是被迫在通往社会主义道路上停下了他们的脚步。于是，在实际政治生活中，社会主义理想就变成了工人政党推行其利益政策的一个托词。

个别的乃至众多的社会主义政党的例子都可以证实上述问题，各种不同流派的基督教社会主义政党就是一例。但我们今天只想以人们公认的最重要的社会主义政党即信仰马克思主义的社会主义政党为例子来说明这一问题。

马克思以及以他的名字命名的马克思主义者主张实行严肃的、真正的社会主义。马克思拒绝一切为个别社会集团和社会阶层谋取利益的政党行为。他不否认自由主义关于对经济生活实行干预会普遍导致社会生产效率下降的观点。每当他合乎逻辑地进行思维、写作和言谈时，都坚持了如下观点，即在以生产资料私有制为基础的社会制度下，一切想通过国家以及拥有类似权力的社会机构的干预来影响社会有机体的企图都是荒谬的，因为它们并不能带来预想的那种成功，相反只会导致经济活力及生产效率的降低。他要把工人组织起来为实现社会主义而斗争，但这种斗争不是为了在以生产资料私有制为基础的社会里谋求某种特权。他想建立一个社会主义的工人政党，而不是去建立一个如他表述的那种只主张个别改良的"小资产阶级"政党。烦琐的经院哲学体系就像眼罩一样妨碍了他对事物进行客观的、不带任何偏见的观察。他认为，工人和那些接受他的思想领导的文人学者将乐意组成"社会主义"的政党，他们将冷静地关注着资本主义的发展，并通过"变革"把人类引向社会主义，剥夺者被剥夺的那一天已为期不远了。他没有看到这一事实，即工人政党恰恰同其他到处可见的利益政党一样，其政治活动的直接目的就是为工人争取特权，只有在符合这一根本目标的前提下，工人政党才会原则上承认社会主义的纲领。马克思主义关于全体无产者为了共同利益团结一致的定律，是为另外一些完全不同的目的服务的，它巧妙并成功地掩盖了一个事实，即某一个工人团体在争取自己的利益时，其成功是以牺牲其他工人的利益为代价的，在社会政策和工会斗争中，无产者的利益实际上是不一致的。如此一来，马克思的理论与那些主张德国中心论的人号召德国团结一致，宗教政党号召教派的团结一致，民族主义政党号召民族团结，农民政党则号召生产农产品的全体农民团结一致的做法有着异曲同工之趣，也和那些主张实行关税保护制的关税党想制定一个天衣无缝的保护清单，用来保护国内工业的做法相雷同。社会民主党发展得越快，工会在该党的影响力就越强，该党变成一个大型工会联合体的可能性就越大，因此，该党在政治斗争中将会越来越多地采取强制性罢工或要求增加工资的手段。

　　自由主义与所有的这些政党毫无共同之处，它恰恰是这些政党的对立面。它不向任何人许诺特权，它要求所有的人为了维护社会而作出自我牺牲。准确地说，这种牺牲就是放弃直接的、可以得到的利益。毫无疑问，它只是一种暂时的牺牲，它很快可以通过更高级、更长远的收益而得到加倍的回报。但无论如何首先要作出牺牲。这样一来，自由主义在同各种政党之间的竞争中一开始就处在一种特殊的位置上。反对自由主义候选人在竞选过程中向每个选民团体许诺特殊利益，他向制造商作出提高商品价格的承诺，向消费者作降低物价的承诺，向政府官员许诺更高的薪水，向纳税人许诺减少税收，他非常愿意以牺牲国家和富人的利益为代价来满足人们的所有愿望。为了博得人们的欢心与支持，他乐于从国家的口袋里掏出合乎人们口味的特殊赠品，而且每个人得到的赠品都不会太少。而自由主义的候选人只能对所有的选民说，追求这种特殊利益的任何做法都是反社会的行为。

五　政党宣传和政党机器

当自由主义思想从它的西欧故乡向中欧和东欧渗透时，那些代表旧势力的统治者，即诸侯国的国君、贵族和教会仍然相信他们的统治固若金汤，万无一失，因为他们手中掌握着暴力这一武器。他们认为，完全没有必要采用思想武器来对付启蒙运动和自由主义思想的传播。在他们看来，对心怀不满的人实行镇压、迫害和监禁的方法更行之有效。因此，他们坚持依靠军队、警察等暴力机器和强制机器。后来他们终于惊恐地认识到，新的思想已经打落了他们手中的武器，并且占领了国家公职人员和士兵的头脑。直到旧的体系在同自由主义的斗争中遭到失败时，他们的信徒才学会了面对现实，真正领会到，世界上还没有任何东西比思想和思想家更为强大，与思想作斗争，仅仅只能使用思想武器。他们还认识到依靠武力是愚蠢的，这是因为，只有当那些手持武器的人顺从他们的意志的时候，武力才能奏效，反之则不然。再则，所有的武力和统治的基础最终都具有思想的自然本性。

自由主义思想体系建立在任何统治都是它所代表的社会利益的一种体现这一认识的基础之上。基于这一认识，它相信真理和正义最终将取得胜利，因为真理和正义在思想领域内获胜是不容置疑的。凡是能在思想领域取得成功的事物最终都能在生活中获胜，任何迫害都无法将它压制下去。因此，为传播自由主义思想而作出种种努力的做法都是多余的。自由主义思想的胜利无疑是人类社会发展的必然趋势。

如果人们注意到，自由主义的反对者们在其行动中时时处处与它作对，拼命地抵制和反抗自由主义思想，那么就很容易断定他们已经充分地认识到自由主义必胜的道理。他们没有能力在自由主义思想体系之外提出一个可以自圆其说的完整的社会学说和经济学说，因为这种努力的一切结局最终将导致承认自由主义。用一个向某个或若干个社会阶层作出承诺的纲领来赢得其他社会阶层的支持，这种做法从一开始就注定是没有任何前途的。这些政党想做的是采取措施，将它们的争取对象引入其规定的轨道，并牢牢地将其绑在自己的战车上。为此，它们还采取了预防措施，防止自由主义思想在其势力范围内赢得支持者。因此，它们建立了政党机构，力图把每个人都牢牢地束缚在党内，不允许他们有任何脱离该党的想法。这种刻板的制度已在德国和奥地利建立起来，在东欧的一些国家里，这种制度正在形成之中。在上述所有的国家里，个人再也不是国家的公民了，而首先是党员。甚至连少年儿童都被置于党的监护之下。体育运动和社会交际活动也由政党来主办，并且直接为党的政治服务。代表那些生产农产品的农场主的利益，为他们争取农业补贴和各种优惠政策的合作社组织，中小企业促进会，工人职业介绍所以及劳工互助保险机构等诸如此类的组织全都是按照政党的形式进行管理。国家机关在决定所有事情时都必须考虑其决定或决议是否能够得到政党的支持。在这种情况下，任何涣散党的事业的行为都会受到怀疑和谴责。如果社会还没有发展到衰亡或破产的程度的话，退党就意味着严重的经济损失。

代表特权利益的政党采取不同寻常的方式来处理知识分子问题。它们并没有像人们所想象的那样，允许那些从事自由职业的律师、医生、作家和艺术家们组织起来，并以政党的方式独立地

第四章 自由主义与政党

代表他们自身的利益。因此，这些人的利益受到了严重的忽视。对于主张等级特权的人来说，自由职业者是他们无法争取的对象，因为这些人最坚定不移，而且最持之以恒地坚持其自由主义的立场，特权利益的辩护士们不可能指望从这些自由职业者那里得到他们所期待的东西。这是使那些特权利益的政党感到最头痛的问题。它们不容忍在"知识界"保留自由主义思想。因为它们害怕有朝一日这些从事自由职业的人当中的某些人会重新树起自由主义思想的旗帜，害怕自由主义思想因得到这一阶层的大多数成员的理解和赞成而强大起来，从而导致利益政党队伍变得稀稀拉拉。它们深知，自由主义思想是等级特权最危险的敌人。因此，利益政党组织都在有计划地使自由职业者及其成员来依附它们。通过使这些人加入政党机器的体系中去的方法，很快就达到了它们的目的。医生、律师、作家和艺术家不得不加入或服从他们的病人、当事人、读者和买主的组织，谁要是不这样做或公然拒绝这样做，他就会面临破产的威胁。

在聘用国家公职人员和教师方面也对从事自由职业的人员实行歧视政策。由于政党制度的无限扩张，使国家机关和学校里充满了政党的偏见，只有那些党员才有资格受聘。尽管人们对此缄口不言，但人人心知肚明。不管是新近执政的党派也好，或者是所有的其他政党也好，无一不照此办理，好像它们之间存在着一个约定俗成的协议似的。这种歧视政策使政党对自由职业者的压迫变本加厉。

建立政党自己的军队，是政党组织形式的极端。党的军事组织是按照国家正规军的模式组建的，它们拥有作战动员计划和作战计划，手中掌握着武器并随时准备开战。它们高奏军乐，高举战旗带着队伍招摇过市，向世人宣告着一个没完没了的混乱和战争时代的到来。

有两种因素暂时减弱了这种危险的程度，第一个因素是在一些重要的国家里，政党之间的力量对比尚存在着某种程度上的平衡。在那些缺乏这种平衡的地方，例如俄国和意大利，政府毫不顾忌自由主义原则在那里残存的任何影响，丝毫不顾忌其他国家的反对，肆无忌惮地对那些没有掌权的政党的党员进行镇压和迫害。

能暂时制止这种极端行为的第二个因素是那些对自由主义和资本主义充满了仇恨心理的人们还不得不考虑到他们需要从传统的自由主义和资本主义国家，首先是从美国输入资本。离开了这些国家的贷款，他们推行的使资本扭曲的政策所造成的严重恶果就会更加明显地暴露于光天化日之下。反自由主义的人和事只有寄生在资本主义之中才能维持其生存和发展。因此，他们不得不对西方国家的公众舆论在某种程度上有所顾忌，也正因如此，他们至今还是不得不在表面上承认自由主义，尽管他们的这种承认带有很多水分。在一般情况下，资本家只会把资本借给有一定偿还能力的债务人，因此，那些颇具破坏性的政党声称它们发现了"资本统治了世界"的事实，并把它们的这一口号喊得声震云霄。

六　资本主义的政党？

自由主义毫不隐瞒它的真实本质，因此它不可能站到那些利益政党的行列之中，这一点很容易被人理解。自由主义从根本上与所有利益政党毫无共同之处。利益政党主张战争，笃信暴力；而自由主义主张和平，笃信思想的统治力量。所有的政党，无论它们之间在别的方面存在着多大的分歧或不同，但在这个问题上却都与自由主义形成了尖锐对立，为此，它们站在同一战线上共同向自由主义思想发动攻击。

自由主义的对手们将它称为代表资本家利益的政党。这是由他们的思维方式所决定的。在这些人的眼里，一种政治思想只能代表某种特定的，而且与人类的共同利益相悖的特权，否则就不能称其为政治思想。

生产资料的私有制并非有利于其占有者的特权，而是一种代表全社会利益的制度，它的存在有利于所有的人。因此，人们不能将自由主义视为利益党，更不能视之为享有特权或优先权的那些人的政党。这不仅是自由主义者的看法，而且甚至连自由主义的敌人在某种程度上也如此认为。马克思主义者认为，"在所有的生产力还没有发展到足够的发达程度之前"，它们所处的那个社会制度是永远不会自行消亡的，因此，社会主义只有在人类社会"成熟"到一定程度时才能付诸实施。这一观点至少说明了马克思主义者承认目前人类社会还不能缺少生产资料私有制这一事实。甚至连不久前用刀与剑、血与火再加绞刑架来宣传马克思主义关于时机"成熟"观点的布尔什维克们，也不得不承认此事为时尚早。人们目前——而且不仅是目前——尚不能离开资本主义及其法律规定的"上层建筑"——私有制，在这一事实面前，难道他们还有理由将那种视私有制为社会存在基础的思想体系称之为违背大多数人利益的、专门为生产资料的占有者谋求私利的工具吗？

尽管形形色色的反自由主义思想宣称人们目前或者甚至是永远也不能缺少私有制，然而它们却认为必须通过政治权力的强制命令以及与此类似的干预手段对它实施领导或加以限制。它们向人们推荐的不是自由主义或资本主义，而是干预主义。但是国民经济学却证明，干预主义学说是荒谬的和不合时宜的，它不仅达不到预期的目标，而且恰恰与其倡导者的本意相违。干预主义学说错误地假定，除了社会主义（公有制）和资本主义（私有制）之外还存在着第三种社会制度，即干预主义制度。干预主义者认为，这种制度是值得考虑并且可以付诸实施的。自由主义者却认为，那种实行干预主义的尝试所导致的结果势必与其倡导者的本意背道而驰。道理很简单，不是放弃一切干预措施，即保障私有制，就是用社会主义来取代私有制，两者必居其一。

还有一种观点也是完全错误的，即认为世界上存在着代表各个政党路线的形形色色、多种多样的国民经济学，甚至连那些赞成自由主义的国民经济学家也随声附和这一观点。马克思在他所有的理论阐述中也只提到了社会主义和资本主义这两种不同的选择。他对那些怀有"小资产阶级思想"成见的改良主义者所提出的抛弃社会主义，但对私有制实行改造的主张进行了嘲讽。国民经济学从来就没有去证明那种通过国家干预来领导和限制的私有制是可行的论调。当纯理性的社会主义者们不惜一切代价去证明这一论点的时候，他们最初的做法就是否认人们可以对经济领域的问题进行科学认识的可能性，他们最终的落脚点是宣称：国家的一切所作所为都是理智的；由于科学证明并宣告了他们所推崇的政治是荒谬的，所以他们试图取消科学和逻辑。

此外，纯理性的社会主义者除了提出关于社会主义制度可行性的一些佐证之外，了无新意。马克思以前的社会主义者也曾经对此做过一些徒劳无功的尝试。这些人没有想到，他们无法反驳那些用科学武装起来的批判家们针对其乌托邦的可行性而提出的强有力的反对意见。因此，在19世纪中叶，社会主义思想就已经显得奄奄一息了。正在此时，马克思出现了，他给人们带来的不是社会主义可以实现的证明——事实上他也不可能证明这一点，而仅仅是宣布社会主义的到来是不可阻挡的——当然他没有为此提供任何证据。马克思认为，人类历史上后来出现的每一个新事物都是对原有的旧事物的一种进步。他从这种武断和凭空想象的定律以及在他看来是不言而喻的公理中得出了社会主义必然比资本主义更完美，其可行性是不容置疑的结论。由此可知，人们在这一基础上对社会主义制度的可行性问题的研究以及对这一制度的种种探讨都是不科学的。谁要想涉足这一领域并试图去研究这些问题，谁就是在做社会主义者以及他们所掌握的舆论工具想做而做不到的事情。尽管如此，国民经济学家仍然克服了重重困难，对社会主义制度的理想图景进行了深入细致的研究，并且提出了任何形式的社会主义都是不可行的论断。其理由是，在社会主义公有制条件下人们无法实行经济核算。社会主义的信仰者们几乎都不敢在这一问题上对国民经济学提出任何反驳，他们对此作出的所有回答，不是无关紧要，就是不值一提。

科学家们在其理论中证明的问题均在现实生活中得到了证实。所有的社会主义试验以及所有的干预主义试验，均无一例外地以失败而告终。

如果有人声称，只有企业家和资本家赞成资本主义，这些人想通过资本主义制度来为自己谋求有损于其他社会阶层的特权利益。我们可以将这种看法称为毫无判断能力和毫无思维能力的同义语。事实上，生产资料的"占有者"赞成生产资料私有制的原因与那些"一无所有者"所追求的目标完全相同。一旦事情涉及那些"一无所有者"的切身利益时，他们将比自由主义者更加赞成自由。那种认为一旦维持资本主义制度，似乎所有的占有者就会永远占有生产资料的观点，是对资本主义经济本质的一种彻头彻尾的误解。在资本主义经济生活中，私有财产的主人总是在不断变换的。一些更加勤劳能干的商人不断地涌现，从而取代那些不怎么勤劳能干的商人，成为私有财产的新主人。在这个社会里，人们只有凭借其聪明才智，不断地将其资本投入到新的生产领域，才能保持原有的财产并获得新的财富。那些生产资料的占有者，即富人并不希望出现全面的毫无限制的竞争局面，更谈不上他们要维持这种局面了。尤其那些并非财产的创业者，而是财富的继承者的富翁们，其惧怕竞争的心理要远远多于希望竞争的心理。因此，他们对干预主义怀有特殊的兴趣，其原因不外乎是干预主义的本质是维持现有的占有者及其对生产资料占有的现状，在此基础上对其商品的分配施加影响和干预，这一点迎合了富人的守成心理。他们对自由主义兴趣索然，因为自由主义在其思想体系中没有给旧有的财产及其占有者的守成心理留下任何可资立足的位置。

　　企业家只有在时时刻刻满足消费者需求的前提下才能财源茂盛，兴旺发达。每当好战者在世界上点燃战争的烽烟时，自由主义者就向人们说明和平的好处，而企业家此时却在制造大炮和机关枪。如果今天的公众舆论赞成向俄国进行资本投资，自由主义者也许会努力向人们解释这是明智的做法，因为人们即使向一个其政府以剥夺一切资本为最终政治目的的国家进行投资，也比把商品沉入海底的做法要明智得多。事实证明，只要企业家可以将投资风险转嫁到其他人身上时——不管是转嫁到国家头上也好，或者是转嫁到那些被俄国的金钱豢养的舆论弄得晕头转向的资本家身上也好——他们就会放心大胆地向俄国投资。在商业政策方面，自由主义坚决反对旨在实现自给自足的一切努力和尝试，然而，德国的制造商却在为了抵制德国商品而联合起来的东欧国家里建设工厂，以利用这些国家对本国市场实行的关税保护政策。那些思路清晰的企业家和资本家们可以清楚地认识到反自由主义政策的后果就是导致全社会、全体人民的堕落和毁灭。他们必须出于企业家和资本家的本能毫无反抗地承认现实并适应现实。

　　没有任何一个社会阶层会出于自私自利，损害全社会的利益以及其他社会阶层的利益的目的来为自由主义扬纲张目，这是因为自由主义并不是为特殊利益或特权服务的。自由主义不能像其他反自由主义的政党那样，把所有为了一党一派及其个人利益而奋斗，同时损害他人利益的选民团结在它的周围，更不能指望得到他们的帮助。当自由主义作为政党参加竞选时，如果选民向它提问：您想达到什么目的？您的政党可以为我和我所属的那个社会集团做些什么？此时它只能回答说：自由主义只为所有的人，而不为某些人或某些社会集团的特殊利益服务。

自由主义者还清楚地认识到，一个较小的社会阶层所拥有的，不利于大多数人的特权是不可能长期维持下去的，它必然会导致内战！另一方面，人们也不可能使所有的人都享有特权。这是因为，一旦所有的人都享有特权，特权就会在其享有者那里彼此相互抵消，从而失去其特权的意义，最终导致社会生产力下降和物质财富减少的严重后果。

第五章　自由主义的前途

一切比较古老的文明都衰落了，或至少是早在它们达到欧洲文明业已达到的那个物质发展阶段之前停滞不前了。同国外的敌人进行战争以及在国内打内战，均对国家造成了破坏。无政府状态迫使分工退化。城市、贸易和手工业都衰败了。随着经济基础的衰退，精神道德的升华让位于愚昧和粗野。现代欧洲人成功地使个人和国家的社会联系密切起来，远远超过了历史上的任何时代。这是自由主义社会思想的功劳。它自17世纪以来变得越来越明朗和清晰，对思想家们产生越来越大的影响。自由主义和资本主义创造了一切奇迹赖以产生的基础，其标志便是我们当代的生活水平。

现在有一种死神的气息在吹拂着我们的文明。一些"半瓶子醋"们大声宣称，所有的文明，因而也包括我们的文明，都必定要衰落，这是一种不可抗拒的规律。他们教导说，欧洲的丧钟已经敲响，他们有一批信徒。人们到处都感到一种颓废情绪。

然而现代文明不会衰落，只要它不自暴自弃。没有一个外部的敌人能像当年西班牙人毁灭阿兹台克人的文明那样破坏当代文明，因为地球上没有一个人能同当代文明的载体较量。只有内部的敌人对它来说才可能是危险的。它只有当敌视社会的、反自由主义的思想把自由主义的思想排挤掉时才可能死亡。

物质进步只有在自由主义的资本主义社会里才可能实现，这一认识开始越来越深入人心。尽管反自由党人没有明确承认，但从对稳定现状这种理想的高度赞扬中已间接地体现了他们完全承认这一认识。

有人认为，前辈们取得的物质进步固然十分可贵，而且带来了一些好处，但对今天来说已经足够了。当代资本主义的急功近利必须让位于宁静安逸。人们应该有时间进行内心反省，因此必须用另一种不是总在不停地创造新东西的经济政体来取代资本主义。浪漫经济学家把眼光投回到中世纪，不是曾经存在过的中世纪，而是一个从未存在过的子虚乌有的幻象。他把眼光投向东方，当然不是真正的东方，而是他幻想中的一块梦幻之地。人们在那里是多么幸福啊，没有现代化的技术，没有现代化的教育！我们怎么能如此轻易地放弃这个天堂！

谁鼓吹回到更简单的经济社会的形态，谁就应该看到，只有我们的经济政体才能够以今天这样的方式供养今天居住在地球上的这么多的人们。退回到中世纪意味着要消灭几亿人口。主张稳定现状的朋友们当然会说，无论如何不能走这么远，只要把握住已经取得的东西，放弃继续进步就足够了。

宣扬稳定经济现状的人们忘记了，要求改善自己的物质境遇是有思想的人们的内在本能，这种欲求是消灭不了的，它是一切人类行动的推动力，人通过扩大满足需求的活动走向幸福的社会，要是封锁了这条路，人就只有一个办法了：压制并掠夺别人，使自己致富而使他人变穷。

千真万确，追逐更高的生活水平并不使人幸福。然而，不断努力去改善自己的物质境况却是人的天性。如果禁止他去作这种努力，他就会就会变得迟钝、野蛮。老百姓不愿听人提醒要知足。很可能有一些作此提醒之说的世界贤人自己也陷入一种深深的自我失望之中。如果有人对人家说，他们父辈的生活比现在差多了，这些人会回答说，他们不明白，为什么他们不能生活得好一些。不管是好是坏，不管道德家是否同意，有一点是肯定的，人们永远在追求，并且将追求改善自己的境况，这是人类无法规避的命运。现代人的繁忙不息是其思想、神经和精神活跃的表现。正如人们无法给一个成人以童年时代的天真幼稚一样，人们也无法使现代人回到人类历史上过去一段平静的时期中去。

但问题主要在于：让人放弃物质生活上的进一步提高，给人以什么回报呢？幸福、满意、内心的平衡以及和平是不会单单因为人们不考虑进一步改善对需求的满足而出现的。那种从颓废的文学匠的怨愤情绪中生发出来的观点，认为贫穷和寡欲为精神力量的发展创造了极其有利的条件是荒唐的。人们在谈论这个问题的时候，应该避免拐弯抹角而还事物以其本来面目。当代的富有主要体现在身体的文明中——卫生、整洁、体育运动，今天还有富人们在奢侈生活，也许在美国已不再有，但其他地方则到处都有。如果经济继续以如迄今为止那样的速度发展，在不太长的时期内每个人都将得到这种身体文明。当有人阻止人民大众去达到今天富人们已经在享受的身体文明的水平时，他是否认为，这是在以某种方式促进人们的精神生活？幸福难道住在得不到保养的身体之中？

对赞颂中世纪的人们，我们只能回答说，我们对中世纪人是否感到比现代人更幸福这一点毫无所知。但是，那些把东方人的生活方式作为典范对我们描绘的人，兴许能回答我们这个问题，亚洲是否真是那种他们所描绘的天堂？

为了为自己的学说辩护，自由主义的反对者们最后只能把稳定经济当作社会理想来称颂。我们不妨回想一下，过去他们的批评的出发点是：自由主义和资本主义阻碍了生产力的发展，它们要对大众的贫困负责。自由主义的反对派伪称，要争取建立一种社会政体，这种社会政体能比他们所反对的社会政体创造更多的财富。他们现在被国民经济学和社会学的理论逼到了墙角，不得不承认了，只有资本主义和自由主义，只有私有制和自由经营活动，才能确保人类劳动达到最高的效益。

有人一再声称，世界观的对立把各种政党分离开来，而这种世界观对立不是可以通过人们能够懂得的论证方式来解决的，因此关于这种对立的争论必然会毫无结果地进行下去。每一方都将一如既往地坚持自己的看法，因为这种看法是建立在对事物总的看法的基础之上的，无法通过理智的考虑加以改变。人们努力追求的最终目标根本不相同，所以可以完全肯定，追求不同目的的人们不可能团结起来一致行动。

没有什么比这种观点更颠倒是非的了。有少数人在这种观点影响下成为禁欲者，他们寻求一种摆脱一切外来物质享受的生活，最后走向完全无所作为，甚至自我毁灭。如果撇开这些人不谈，那么，所有的白种人，不管他们对超凡的东西作何想法，在下述事情上肯定是一致的，即他们宁愿要一个劳动效益好的社会制度，而不要劳动效益较差的社会制度。有些人相信，不断上升的发展对满足需求没有好处，因而最好我们少生产一些物质产品——这里姑且不论，真正持这种看法的人是否很多——即使这些人也不会希望，同样数量的劳动带来较少的产品。他们至多是希望，人们少劳动一些，因而少生产一些产品，但绝不是要同样数量的劳动生产出比较少的产品。

今天的政治对立不是世界观的对立，而是在下述问题上的对立，即通过什么途径，用什么方法才能以最快的速度和最少的牺牲达到大家认为正确的目标。这个大家在努力达到的目标便是最充分地满足人的需求，便是福利和财富。这不是人类所追求的一切，但却是人类用外在的手段、通过社会合作可能追求到的一切。内在的物质——幸福感、心灵的安宁、思想情趣的升华——则需每个人独自去修炼。

自由主义不是宗教，不是世界观，也不是代表特殊利益的党派。它不是宗教，因为它既不要求信仰，也不要求牺牲，因为它的周围没有任何神秘主义的东西，还因为它没有什么教义；它不是世界观，因为它不想解释宇宙，因为它什么也没有对我们说，也不想说关于人的存在的意义和目的这种事情；它不是一种利益党派，因为它没有向任何个人和团体许诺某种特殊好处，它不想，也没有去营造这种好处。它是一种完全不同的东西。它是意识形态，是关于社会上各种事物内在联系的学说，同时又是关于如何将这种学说应用到人在社会事务中的行为上面的学问。它不允诺任何超出社会和通过社会力所能及的东西。它只想给人们一样东西：和平地、不受干扰地提高所有人们的物质富裕程度，从而——只要社会机构有这个力量——使他们远离苦难的外在根源。减少痛苦，增加欢乐，这就是它的目标。

没有一个宗教派别、没有一个政党曾相信过，可以不用打动人们的意识感情来维护自己的事业。华丽的辞藻、音乐和歌声响起来了，旗帜飘荡起来了，鲜花和色彩构成了某种象征，这是领袖们在寻求人们对他们个人的顺从。自由主义不跟着做这种事情。它没有党的鲜花，没有党的色彩，没有党歌，没有党的偶像，没有标志，没有口号。它只有事业和论据，而它们必定把它引向胜利。

附　录

一　关于自由主义的文献

为了使本书不致膨胀得太厉害，我不得不把话说得简短一些。我自以为写这本书是有根据的，因为我从一系列包罗万象的著作和文章中对自由主义的一切基本问题进行了详细的研究。对那些想更透彻地了解情况的人，下面汇编了一份最重要的文献书目。

在许多比较老的作家那里，人们已经可以看到自由主义的思想了，但直到18世纪和19世纪刚开始的时候，英格兰和苏格兰的思想家们才使自由主义形成一种体系，谁要对自由主义的思想方法寻根究底，谁就必须追溯到他们那里去。

这里特别要提出的是以下三位：

大卫·休谟（《道德、政治和文学的政论文集》，1742年发表）

亚当·斯密（《关于国家财富的本质及其成因的调查》，1776年发表）

杰里米·本瑟姆（发表有大量著作，从其处女作《为高利贷辩护》——1787年发表，至其于1834年去世之后发表的《关于道德的道义学或科学》。除关于道义学一篇之外，其余的所有著作均收入由鲍林1838年至1843年编的全集之中）

约翰·斯图亚特·米尔也是一位古典自由主义的追随者，特别在其晚期，他在妻子的影响下，充满了懦弱的妥协精神。他慢慢地滑进社会主义，是自由主义和社会主义意识的没有思想的大杂烩的始作俑者，这种无思想的大杂烩导致了英国自由主义的失败，动摇了英国的国民福利。然而——或许正因如此——人们必须知道米尔最重要的一些著作：《政治经济学原理》，1848 年年初版；《论自由》，1859 年；《功利主义》，1862 年。不透彻地研究米尔，就无法了解最近两代人的历史。因为米尔是社会主义的伟大的辩护士。他以充满热情的缜密的思维提出了所有能够用来为社会主义辩护的论据。在米尔之外所有其他的社会主义的著作家们——即使是马克思、恩格斯和拉萨尔——都显得无足轻重。

不懂国民经济就不能理解自由主义。因为自由主义是一种应用国民经济，是建立在科学基础之上的国家政治和社会政治。这里，除前已提及的著作之外，还必须特别认识一下老一代的古典国民经济学大师。

大卫·李嘉图（《政治经济和纳税原理》，1817 年）。在研究当代科学国民经济学方面，最好的则有：

H. 奥斯瓦特：《关于经济基本概念的报告》（有多种版本）。

C. A. 弗利京·斯图亚特：《国民经济基础》（1923 年）。

关于当代国民经济的杰出的德国著作有：

卡尔·门格尔：《国民经济学原理》（1871 年第一版）。

欧根·冯·波姆—巴威克：《资本和资本利息》（1884 年和 1889 年第一版）。

德国为自由主义的文献提供了这两部最重要的文献之后，接下来的情况是不妙的，就如德国自由主义以后的情况那样。威廉·冯·洪堡关于确定国家作用的界限的思想在 1792 年已经成书。同年，席勒将该书的一部分发表在《新女神》上，其余部分则发表在《柏林月刊》上。然而，由于洪堡的出版人格兴不敢出版这部分，此书被搁置起来，被人遗忘，直到书的作者去世之后才被人发现而出版。

海尔曼·海因里希·戈森的著作《人类交往规则的发展以及由此产生的人类活动的规则》，虽然找到了出版商，可是，当它在1854年出版时，却没有读者。本书和它的作者从此销声匿迹，直至英国人亚当逊发现了一册该书为止。

自由主义的思想贯穿于德国古典诗作之中，尤以歌德和席勒的作品为甚。

在德国，政治自由主义的历史是短暂的，且少有成就可言，而当代德国离自由主义的精神有十万八千里之遥，魏玛宪法的拥护者并不比它的反对者离这种精神的距离更近一些。在德国，人们已不再懂得自由主义，但都知道如何去诽谤它。仇恨自由主义是德国人唯一的共同点之所在。近期可以称得上是关于自由主义的德国著作只有莱奥波德·维泽的作品（《过去和未来的自由主义》，1917年；《国家社会主义》，1916年；《自由经济》，1918年）。

对东欧各国人民来说，几乎没有一丝自由主义精神的气息吹到他们那里。

尽管在西欧和美国自由主义思想也处在衰败之中，但人们如将它们与德国人相比，则还总是可以称西欧和美国是自由主义的。

在较早的自由主义作家中，还应该提一下弗里德利克·巴斯蒂亚特（《作品集》，巴黎，1855年版）。巴斯蒂亚特是一位杰出的修辞学家，所以阅读他的作品实在是一种特殊的享受。至于他的学说在今天已经过时，这在他去世后理论性的国民经济学已有了长足进步的情况下是不足为奇的。但他对各种保护主义及类同保护主义的做法的批判则即使在今天也无人能超越。关税保护主义者和干预主义者们说不出一句实实在在的话来反对他，他们只是一味结结巴巴地说：巴斯蒂亚特"肤浅"。

在阅读最近的外国政治作品时，人们永远不应忽视，今天在那些作品里，自由主义这一名称也常常被理解为温和的社会主义。英国人 L. T. 霍布豪斯（著有《自由主义》，1911 年第一版）和美国人雅各布·H. 荷兰德（著有《经济自由主义》，1925 年版）对自由主义作了简明的描述。此外还有一些著作较好地阐述了英国自由党人的思想方式：

哈特利·威瑟斯：《资本主义状况》，1920 年版。

欧内斯特·J. P. 本：《一个资本家的自白》，1925 年；以及《如果我是一个工人领袖》，1926 年；《一个利己主义者的信件》，1927 年。在最末提及的著作的第 74 页上列有关于国民经济基础问题的英国文献目录。

弗朗西斯·W. 希斯特对关税保护政策作了批判，其著作为《维护和保护》，1926 年版。

1921 年 1 月 23 日，E. R. A. 赛利格曼同斯各特·尼林就"资本主义给予美国工人的要比社会主义多"这一论题进行了一次公开辩论，以后据此编成的会谈式著作也是非常富有教益的。

让·伊索里特的《现代论》（1890 年第一版）以及 R. M. 马西弗的《共同体》（1924 年）阐述了社会学的思想。

查理斯·盖得和查理斯·里斯特的《经济学说史》（有多种版本）则是一部思想史的著作。

阿尔贝特·沙茨：《社会私有经济》，1907 年。

保罗·巴特：《作为社会学的哲学的历史》（有多种版本）。

瓦尔特·苏尔茨巴赫研究了政党理论，其著作为：《政治党派形成的基础》，1921 年。

奥斯卡·克莱因—哈廷根则以《德国自由主义史》（1911/1912 年，二卷本）试就德国自由主义的历史作了阐述。

最后我还要提出一些我本人写的与自由主义问题密切相关的

著作：

《民族、国家和经济：关于当代政治和历史的论文》，1919年。

《公有制经济：对社会主义的研究》，1922年。

《马克思主义》（《世界经济档案》第21册，1925年）

《社会自由主义》（《全国家科学杂志》第81期，1926年）

《干预主义》（《社会学档案》第56册，1926年）

《物价税理论》（《国家学辞典》第6册，1925年）

遗憾的是，上述外文著作只有一部分译成了德语。

二 关于"自由主义"这个术语

谁熟悉最近几年中出版的关于自由主义的作品以及今天通用的惯用语，谁也许就会提出异议来，本书所提的自由主义与当代政治文献中所称的自由主义不相一致。我根本不想驳斥这一点，恰恰相反！正是我自己已经明确地指出了，今天，特别在德国，人们对自由主义的理解与思想史不得不称为自由主义的东西（因为它构成18世纪和19世纪自由主义纲领的基本内容）是矛盾的。几乎所有今天自称为自由主义的人，都拒绝拥护生产资料私有制。一部分人赞成社会主义措施，一部分人赞成干预主义措施。他们相信可以用下述理由来为之辩护：他们提出，自由主义的本质不在于坚持生产资料的私有制，而存在于其他事物之中，这些其他的事物要求自由主义根据这样的精神继续向前发展，即它今天必须宣称自己不再赞成私有制，而是赞成社会主义或者干预主义。

然而，这些其他事物到底是什么，这些假自由主义者们没有告诉我们。我们听到一些关于人性、纯意识、真自由之类的东西，这当然是些非常美丽的字眼儿，每一个人都愿意认可它们。

实际上他们对任何意识形态都是认可的。任何意识形态——除了一些玩世不恭的流派之外——都认为，自己是拥护人性、纯意识、真自由之类。把社会意识形态区分开来的，不是使人类和世界普遍幸福的这个终极目标，而是用什么途径来达到他们自己的目标。自由主义的特色正是在于，它所选择的途径就是生产资料私有制。

此外，有人可能喜欢考虑术语问题。不是名称决定这个问题，而是事实决定这个问题。有人也许还是一位十分固执的生产资料私有制的反对者，但他毕竟应该承认：有人愿意拥护这种私有制。而要是承认这一点，那就可以理解，人们必须对这种流派取一个名称。对那些今天自称为自由主义的人，应该提出一个问题，他们对赞成保持生产资料私有制的流派想了个什么名字呢？他们也许会回答，他们想称这种流派为自由贸易主义。自由贸易主义这个名称最早是作为讽刺人和骂人的名字被想出来的。这个名称迄今为止一直只被用来说明经济纲领，而没有人把它也用来说明自由主义的一般纲领。但只要与这个事实不冲突，自由贸易主义也可以用作自由主义意识形态的名称，对此没有任何人加以反对。

但不管怎样，那种主张生产资料私有制的流派应该，也可以提出有一个名称的要求。真是这样的话，那么最好是沿用旧的延续下来的名称。如果按照新习惯，允许那些保护关税者、社会主义者和战争贩子们也正中下怀地自称为自由主义者的话，那就只会引起混乱。

问题更可能这样提出来，是否应该为了更容易宣传自由主义的思想而给自由主义意识形态取个名字，从而使它不致受到一般偏见的刁难。这种偏见特别在德国是在对自由主义的声讨中发育起来的。这是一种好心的建议，但却是完完全全按非自由主义方式想出来的。就像自由主义出于内在的必要性必须避免在宣传中耍弄任何诡计，避免一切为其他意识形态所钟爱的用以骗取人们普遍赞同的手段那样，自由主义也必须避免放弃它的旧名字，因为它不是大众化的。正是因为自由主义一词在德国名声不好，自由主义才需要保留它。不能把通向自由主义思想的途径简单化，对任何人都不能这样，因为问题并不取决于人们认可自由，而取决于他们成为自由主义者，按自由主义方式思想和行事。

第二种反对本书用语的意见是，这里没有把自由主义和民主作为矛盾来理解。今天在德国，人们经常把自由主义理解为那种把君主立宪制作为理想政体的流派，而把民主理解为那种以议会君主制或议会共和国作为理想政体的流派。这种观点即使从历史上看也完全站不住脚。自由主义曾经为议会君主制而不是君主立宪制奋斗过，但它在德意志帝国和奥地利只能实现君主立宪制，它在政体问题上的失败正体现在这里。而反自由主义的胜利则体现在：德意志帝国议会是如此衰弱，以致人们可以把它称作——尽管不客气，却切中要害——"清谈馆"，以致保守党的领袖说出了一句真话，他说，一个少尉和十二名士兵就足以把国会解散。

自由主义是一种比较博大的观念，它表示一种囊括全部社会生活的意识形态。而民主只表示一种仅仅包括社会关系一部分领域——国家政体——的意识形态。为什么自由主义必定要在国家中要求民主，本书在第一部分已经对此作了说明。为什么所有反自由主义的流派，也包括社会主义在内，都必然是反民主的，要说明这一点，则是详细研究这些流派本质的人们的任务。对社会主义，我在我的书中试图用"公有制经济"解释之。

德国人在这里很容易搞糊涂，因为他总是想到民族自由党人和社会民主党人。然而民族自由党从一开始——至少在法制问题上——就不是自由主义的党。他们是从前的自由主义党的一翼，这一翼立足在"真正的事实"的基础上，也就是说，这一翼把自由主义在普鲁士宪政冲突中由于来自"右"面（俾斯麦）和左面（拉萨尔）的反对而遭到的失败作为不可变更的事实接受下来了。社会民主党人只是在它还不是执政党的时候，也就是说在它还没有感到自己有足够力量用武力制服对手的时候，才是民主的。一旦他们认为自己是最强大的时候，他们——正如他们的文人也宣称时机已经来临一样——马上就拥护独裁了。只是当右翼政党的自由军团把它们打得头破血流的时候，他们又成为"暂时"的民主党人，他们的文人用下述一段话对此作了表述："在社会民主党人的怀抱中，声称拥护民主的一派战胜了主张专制的一派。"

人们当然只能称一种党是民主的，它在任何情况下——即使日后成为最强大的党并掌握了政权——都是为了民主的建立而奋斗。